Le manuel du narcissique

Autres livres de l'auteur

Commencez ici : un cours accéléré pour comprendre, s'orienter et guérir de l'abus narcissique

Sortir du brouillard : passer de la confusion à la clarté après un abus narcissique

Les red flags du narcissique : un guide pour identifier les comportements destructeurs avant qu'il ne soit trop tard

Journal Insight : un journal de trois ans

Le journal des cinq minutes de la gratitude : un journal d'un an

Le manuel du narcissique :

comment identifier, désarmer et se protéger des narcissiques, sociopathes, psychopathes et autres types de personnes manipulatrices et abusives

Dana Morningstar

Dédicace

À tous ceux qui luttent pour recoller les morceaux de leur vie après une relation manipulatrice. Vous n'êtes pas seul(e) et vous pouvez y arriver.

Je remercie tout particulièrement Marisol, Agata et ma mère pour leurs commentaires, leurs conseils, leur temps et leur soutien.

Clause de non-responsabilité

Ce livre n'a pas pour but de diagnostiquer ou de traiter qui que ce soit. En outre, tous les noms et exemples ont été modifiés afin de protéger l'identité des personnes concernées. Toute ressemblance avec des personnes, vivantes ou décédées, est purement fortuite.

Imprimé aux États-Unis d'Amérique

Première impression, 2025

Morningstar Media

Boîte postale 464

Mason, MI 48854

Table des matières

Partie 1 : Comprendre la manipulation.............. 1

Introduction..2

Chapitre 1 : Nous pensons tous pouvoir identifier un problème pour ce qu'il est...4

Chapitre 2 : Pourquoi nous avons tendance à penser que les mauvaises choses ne nous arriveront pas..7

Chapitre 3 : Voir la manipulation au moment où elle se produit........................17

Chapitre 4 : Ce qu'est la manipulation et ce qu'elle n'est pas..............................21

Chapitre 5 : Qui peut être manipulé et qui peut l'être ?..32

Chapitre 6 : Sous-catégories de manipulateurs...41

Chapitre 7 : Comprendre l'état d'esprit des manipulateurs....................................48

Chapitre 8 : Méthodes courantes de manipulation...54

Chapitre 9 : Comprendre les conversations qui rendent fou..................................74

Chapitre 10 : Les différents niveaux de manipulation...83

Partie 2 : Comprendre les crochets qui vous retiennent..88

Chapitre 11 : Les 3 principaux moyens de manipulation...89

Chapitre 12 : Signes de manipulation..94

Chapitre 13 : Comprendre les liens traumatiques...98

Chapitre 14 : La progression de la manipulation..107

Chapitre 15 : L'évolution psychologique de la cible...115

Chapitre 16 : Sept points à prendre en compte avant d'entamer une thérapie de couple...119

Chapitre 17 : Peuvent-ils changer ?...126

Partie 3 : Se libérer de la manipulation 134

Chapitre 18 : Voir la douleur comme le messager qu'elle est 135

Chapitre 19 : Élaborer un plan de match 141

Chapitre 20 : Comprendre et anticiper les mouvements du manipulateur 144

Chapitre 21 : Savoir qui fait vraiment partie de votre équipe............................150

Chapitre 22 : Comprendre comment vous gérez les conflits et le stress..........157

Chapitre 23 : Comprendre ses vulnérabilités 161

Chapitre 24 : Examiner l'estime de soi et les traits de personnalité fréquemment exploités...166

Chapitre 25 : Limites, normes et ruptures d'accord 175

Partie 4 : Gagner le jeu.................................... 183

Chapitre 26 : Modifier la façon dont vous interagissez avec un manipulateur...184

Chapitre 27 : Changer votre façon de réagir...187

Chapitre 28 : Élaborer vos stratégies 194

Chapitre 29 : Mettre en pratique vos stratégies 198

Conclusion 200

Partie 1 : Comprendre la manipulation

Introduction

On me demande souvent : « Comment des narcissiques et d'autres manipulateurs qui ne se sont jamais rencontrés peuvent-ils se comporter de manière presque identique ? Pourquoi disent-ils même les mêmes choses ? » Si certains narcissiques sont pires que d'autres, ils n'en restent pas moins des nuances de la même couleur, ce qui amène de nombreux survivants à se demander s'ils n'ont pas une sorte de règles du jeu qui guide leur comportement.

Les deux premières parties de ce livre couvrent tout ce qui a trait à la manipulation et qui serait inclus dans les règles du de jeu, s'il elles existaient. Toutefois, comme la compréhension de la manipulation ne représente que la moitié de la bataille, les deux dernières parties de ce livre expliquent comment se libérer de la manipulation une fois pour toutes.

En lisant ce livre, vous reconnaîtrez probablement des comportements problématiques chez de nombreuses personnes de votre entourage. Il se peut aussi que vous remarquiez des comportements inquiétants chez vous. Il peut s'agir de mécanismes d'adaptation que vous avez développés au cours de relations dysfonctionnelles ou à la suite d'une éducation difficile. Cela peut être inquiétant et amener une personne à se demander si elle est manipulatrice ou si c'est elle le problème.

Ne paniquez pas en pensant que vous êtes un narcissique. Le narcissisme est un trait de personnalité que nous possédons tous et qui existe sur un continuum allant de sain à mortel. On parle de narcissisme sain lorsque notre niveau d'auto-orientation est tel que nous nous rendons compte que nous comptons et que nous méritons d'être valorisés et considérés comme une priorité. Nous devons avoir un niveau de narcissisme sain si nous voulons être capables de nous fixer des objectifs et de nous protéger. Le narcissisme devient problématique lorsqu'une personne se concentre exclusivement sur elle-même. Cette focalisation sur soi se fait souvent au détriment des autres, voire conduit à leur destruction.

Ce livre est là pour ça : mettra en lumière toute une série de comportements et de traits de personnalité qui posent problème lorsqu'ils sont poussés à l'extrême.

La grande majorité des gens, y compris moi-même, ont ou ont eu certains de ces traits de caractère. C'est normal et c'est le résultat d'une enfance dans un foyer ou une société dysfonctionnelle, ce qui nous arrive à tous. Si vous faites preuve d'introspection, vous reconnaîtrez probablement certains de ces traits en vous. Ces traits ne vous rendent pas mauvais, fautif ou à blâmer d'une manière ou d'une autre. Ce n'est jamais de votre faute si vous êtes manipulé ou maltraité. La plupart du temps, nous avons développé ces traits de caractère pour faire face à la situation, et j'espère qu'à la fin de ce livre, vous serez en mesure de voir le comportement humain - à la fois chez les autres et en vous-même - avec le niveau de clarté dont vous avez besoin pour aller de l'avant et guérir.

Chapitre 1 :

Nous pensons tous pouvoir identifier un problème pour ce qu'il est

Nous pensons tous que nous sommes capables de voir une situation problématique pour ce qu'elle est et de nous mettre à l'abri. Et la plupart du temps, nous avons tort. Je suis récemment tombé sur une vidéo tragique en raison de l'ampleur de la situation, et bouleversante en raison des commentaires qui y ont été faits. La vidéo montrait deux touristes en train de filmer leur après-midi sur une plage de Thaïlande. Pendant qu'ils enregistraient, l'océan a commencé à se retirer. Quelques instants plus tard, de nombreux bateaux qui étaient amarrés dans plusieurs mètres d'eau se retrouvèrent sur le sable mouillé. Les rires et les bons moments des touristes ont rapidement fait place à la confusion et au chaos.

La caméra fait un panoramique pour filmer cet étrange nouveau rivage. Des dizaines de touristes confus, comme eux, fixent le sable au loin, essayant de comprendre ce qui se passe. Leur silence stupéfait a rapidement été remplacé par des tentatives pour comprendre ce qui se passait. Un touriste a demandé à un autre si le recul de l'eau n'avait pas un rapport avec le tremblement de terre qui s'était produit plus tôt dans la journée. L'autre touriste ne pensait pas qu'il y avait un lien.

Leur conversation est interrompue par un grand vacarme au loin. La caméra fait alors un panoramique sur des dizaines d'habitants paniqués qui courent aussi vite qu'ils le peuvent pour s'éloigner de la plage. Confus de savoir ce que les habitants savaient et ce qu'ils ne savaient pas, les touristes ont tourné la caméra vers l'océan. Cette fois, il y avait plus à voir que des centaines de mètres de sable mouillé : il y avait une vague étrange au loin. Ne sachant toujours pas ce qui se passait, mais sachant que si les habitants couraient, ils devraient probablement faire de même, les touristes se sont joints à la course folle qui les éloignait du rivage.

En quelques minutes, un tsunami a décimé les côtes de 12 pays de l'océan Indien, tuant plus de 230 000 personnes. Ce qui n'était au départ qu'une vidéo de vacances s'est avéré être l'une des seules images de cet événement tragique. À la fin de la vidéo, j'ai fait défiler les commentaires et j'ai été à la fois surprise et horrifiée par tous les reproches faits aux victimes. J'ai trouvé que c'était insensible, dérangeant et bizarre que les gens pensent que ceux qui sont morts dans le tsunami étaient quelque part fautifs. En continuant à lire ces commentaires troublants, j'ai remarqué qu'il y avait trois thèmes principaux :

1. Les victimes auraient dû savoir qu'il s'agissait d'un tsunami.
2. Les victimes auraient dû s'enfuir et ont été stupides de rester là.
3. Que rien de tel n'arriverait jamais aux commentateurs parce qu'ils auraient su mieux faire et se seraient mis à l'abri.

J'ai été stupéfaite par les parallèles entre les victimes d'un tsunami et les cibles de la manipulation, ainsi que par ceux qui reprochent aux uns et aux autres d'avoir détruit leur vie.

Qu'il s'agisse d'un tsunami véritable ou d'un tsunami émotionnel résultant d'une manipulation extrême, les personnes qui jugent a posteriori ne manquent pas. Il est facile de savoir ce qu'il faut faire quand on a la distance émotionnelle de ne pas être impliqué et l'avantage de savoir comment les choses vont se dérouler. Il est beaucoup plus difficile de gérer une situation stressante lorsque l'on y participe.

Prenons le temps d'examiner ce qui s'est passé. Pourquoi le couple sur la plage n'a-t-il pas couru ? Pourquoi sont-ils restés là alors que l'eau quittait le rivage ? Pourquoi les touristes n'ont-ils pas réalisé que la vague grandissante au loin était un tsunami ?

En clair, le couple ne s'est pas enfui parce qu'il ne pensait pas être en danger.

Comme la plupart d'entre nous, je suis sûr qu'ils avaient entendu parler des tsunami. Mais comme la plupart d'entre nous, ils n'en connaissaient pas non plus les signes avant-coureurs. Après tout, j'imagine que lorsque la plupart des gens pensent à un tsunami, ils imaginent un énorme mur d'eau, et non le recul du littoral. Ainsi, parce qu'ils ne connaissaient pas les signes précurseurs, et parce que le tsunami qu'ils vivaient ne correspondait pas à l'image qu'ils avaient en tête, ils ne l'ont pas vu pour ce qu'il était, jusqu'à ce qu'il soit trop tard.

Si l'identification d'un phénomène aussi important qu'un tsunami est un défi, imaginez à quel point il peut être difficile d'identifier quelque chose de plus subtil, comme la manipulation. Et comme dans le cas du tsunami, notre meilleure chance d'échapper à des conséquences dévastatrices est d'apprendre à reconnaître les signes avant-coureurs, afin de savoir à quoi ressemble *réellement* la manipulation.

Chapitre 2 :

Pourquoi nous avons tendance à penser que les mauvaises choses ne nous arriveront pas

Pendant que j'écrivais ce livre, j'ai eu une conversation avec une femme qui travaillait dans un centre d'accueil pour victimes de violences domestiques. Elle exprimait ses frustrations sur le fait que les victimes de catastrophes naturelles ne sont pas blâmées pour la destruction de leur vie, alors que les victimes de manipulation ou d'autres formes d'abus le sont. Je lui ai dit que je pensais que c'était également le cas... jusqu'à ce que je voie la vidéo sur le tsunami.

Nombreux sont ceux qui pensent qu'il y a une différence entre être pris dans un tsunami et rester dans une relation avec une personne manipulatrice - que la personne qui reste dans une relation manipulatrice choisit d'y rester. Et si elle n'aime pas la façon dont elle est traitée, elle doit partir. Bien que cela soit logique, c'est trop simpliste. Personne ne choisit consciemment d'être manipulé, tout comme personne ne choisit consciemment d'être dans un tsunami. Dans les deux cas, les gens se retrouvent piégés dans ces situations parce qu'ils ne comprennent pas ce qui se passe au départ, et lorsqu'ils y parviennent, le stress, la peur et les sentiments accablants quant à la manière de s'échapper peuvent être limitants.

Parce que la manipulation est déroutante pour tout le monde sauf pour le manipulateur, ceux qui la subissent, ainsi que leur entourage, ont tendance à mal comprendre ce qui se passe. Pour ces raisons, la manipulation est souvent niée ou minimisée, et n'est pas perçue comme la force nuisible qu'elle est. D'après mon expérience, de nombreuses personnes, si ce n'est la plupart, considèrent qu'une relation abusive est une relation où il y a de la violence physique. Et si la cible de cette violence s'en va ou si la violence physique s'arrête au profit de la violence verbale et émotionnelle, la relation n'est plus considérée comme violente. Ne vous y trompez pas : une relation manipulatrice est une relation abusive, et une relation abusive est aussi une relation manipulatrice. La violence et la manipulation vont de pair. C'est pourquoi il est si difficile pour une personne de sortir d'une telle relation et d'y rester.

Si la personne visée a la chance de sortir d'une telle relation, elle ne le ressent pas toujours ainsi. Au contraire, elle peut se sentir profondément brisée et dépassée par la façon d'aller de l'avant. La blâmer pour ce qui s'est passé n'est pas utile ; c'est une nouvelle victimisation. À l'opposé, le fait de lui rappeler continuellement qu'elle a de la chance que les choses n'aient pas été pires n'est pas utile non plus. Au contraire, cela peut donner l'impression d'une invalidation, car la personne visée peut se sentir coupable de ne pas pouvoir se concentrer sur les aspects positifs. C'est comme dire à la victime d'un cambriolage qu'elle a de la chance de ne pas avoir été tuée. C'est vrai, mais cela ne veut pas dire que ce qu'elle a vécu n'a pas été traumatisant, et le fait de l'occulter et de se concentrer sur le bon côté des choses alors qu'elle souffre revient à faire preuve d'insensibilité.

En outre, même si la relation est terminée, cela ne signifie pas que la manipulation ou les abus ont cessé. Souvent, ce n'est pas le cas. Parfois, l'abus prend simplement une forme différente. Si l'ancienne cible a des enfants avec cette personne, il est fort probable qu'elle recevra toutes sortes d'appels téléphoniques et de messages textes abusifs, sans parler des poursuites judiciaires futiles, des allégations totalement fausses et du harcèlement. Il est donc impossible d'essayer de « surmonter » un tel traumatisme alors qu'il est toujours présent.

Cela ne m'arriverait jamais

Lorsque nous voyons des personnes dans une situation problématique, qu'il s'agisse d'un tsunami ou d'une relation abusive, il peut être facile de penser que nous gérerions la situation différemment. Penser que ce type de traumatisme n'arrive qu'aux autres est, ironiquement, l'une des raisons pour lesquelles nous nous retrouvons dans ces situations. Il y a quatre pensées que nous avons tous tendance à avoir lorsqu'il s'agit de personnes ou d'événements traumatisants :

1. Nous ne pensons pas que des choses vraiment graves pourraient nous arriver ou nous arriveraient.
2. Nous pensons que nous serions capables d'identifier tout danger pour ce qu'il est et de nous mettre à l'abri.

3. Nous pensons que si nous nous retrouvons dans une situation problématique, nous la gérerons de manière appropriée.
4. Nous pensons que si nous avons vécu une fois une situation problématique, elle ne se reproduira plus jamais.

Par souci de clarté, examinons chacun de ces points plus en détail.

1. Nous ne pensons pas que de très mauvaises choses pourraient nous arriver ou nous arriveraient.

D'une certaine manière, nous sommes conscients que de mauvaises choses peuvent nous arriver. C'est pourquoi nous prenons des précautions telles que le port de la ceinture de sécurité, le verrouillage des portes et la souscription d'une assurance. Cependant, je pense que la plupart d'entre nous font ces choses plus pour avoir l'esprit tranquille que parce que nous comprenons pleinement ce qui est possible.

Jusqu'à ce que nous vivions une crise, nous ne pensons pas *vraiment* qu'elle puisse nous arriver. Comme nous ne voyons souvent que des histoires de crise dans les journaux télévisés, il peut être facile de penser que de telles choses ne peuvent pas nous arriver. C'est ce qu'on appelle « l'invincibilité irrationnelle ». Nous vivons dans un léger état de déni de ce qui pourrait nous arriver, en partie parce que nous avons besoin de nous sentir en sécurité pour fonctionner. Si nous réalisions pleinement que toutes sortes de mauvaises choses peuvent également nous arriver, nous pourrions éprouver une anxiété chronique telle que nous ne serions pas capables de sortir du lit ou de quitter la maison. Nous nous disons alors que nous n'avons aucune raison de nous inquiéter, parce que nous sommes plus intelligents, plus observateurs ou mieux armés que ces personnes. Il est particulièrement facile de tomber dans ce travers si l'on n'a jamais été confronté à une situation traumatisante.

Même si un événement traumatisant s'est produit, nous avons souvent tendance à considérer qu'il s'agit d'un coup du sort et que cela ne se reproduira jamais, ou que si cela se reproduit, nous l'aurons vu venir. Cependant, comme chaque personne et chaque situation problématiques se présentent de manière différente, c'est rarement le cas.

2. Nous pensons que nous serions capables d'identifier tout problème pour ce qu'il est et de nous mettre à l'abri.

Nous avons tous du mal à identifier certaines situations problématiques pour ce qu'elles sont. Il peut être encore plus difficile pour nous d'identifier ce qui se passe à temps pour nous mettre à l'abri. Comme dans le cas du tsunami, nous pensons tous savoir à quoi ressemble une personne abusive ou manipulatrice. Et là encore, nous nous trompons la plupart du temps. Les situations problématiques sont rarement perçues comme telles - du moins au début - et elles ne sont certainement pas perçues comme nous l'imaginons. En outre, pour compliquer encore les choses, ces problèmes ne se reproduisent généralement pas exactement de la même manière la fois suivante. C'est notamment le cas de la manipulation et de l'abus.

Les personnes manipulatrices ou abusives n'ont pas toujours l'air d'être manipulatrices ou abusives, et elles ne maltraitent pas toujours les personnes qu'elles côtoient. Parfois, elles peuvent être amicales, drôles, attentionnées et séduisantes. Elles peuvent être de sexe masculin ou féminin, jeunes ou âgées, de toute nationalité, religion ou orientation sexuelle, et exercer n'importe quelle profession.

La seule façon d'avoir une chance de rester en sécurité dans n'importe quelle situation, en particulier face à des personnes manipulatrices, est de prendre des mesures de protection lorsque l'on repère des signaux d'alarme. Le problème, c'est que les signaux d'alarme ne se voient pas ; ils se sentent, et les signes précurseurs que nous recevons ne sont que des indications - ils ne sont pas la preuve concrète d'un problème. Si nous avons la preuve concrète que nous sommes en danger, il est généralement trop tard.

Lorsque nous n'avons pas de preuve concrète de l'existence d'un problème, nous pouvons avoir l'impression de réagir de manière excessive en prenant des mesures, quelles qu'elles soient. C'est notamment le cas lorsque nous agissons et que nous constatons que ce qui nous préoccupait ne s'est pas produit et que tout est rentré dans l'ordre. Dans ce cas, nous pouvons nous sentir gênés et tirer à tort la leçon que nous avons eu tort d'agir. La prudence est de mise et, en termes de sécurité, c'est toujours la meilleure chose à faire.

Par exemple, les journaux télévisés relatent l'histoire d'une femme qui a été attaquée dans un parking. Elle raconte au journaliste qu'elle a entendu quelqu'un marcher rapidement derrière elle, mais qu'elle n'a pas couru ni saisi son pistolet à impulsion électrique parce qu'elle a supposé qu'il était pressé. Parce que nous savons comment sa situation a évolué, il est facile pour nous de jouer le rôle de celui qui critique a posteriori et de condamner sa décision de ne pas agir, étant donné que nous connaissons l'issue de l'affaire.

Dans une telle situation, prendre des mesures telles que saisir la bombe lacrymogène qui se trouve sur notre porte-clés, tourner brusquement dans une autre direction, appeler la police ou même simplement marcher plus vite peut sembler une réaction excessive parce que nous ne savons pas avec certitude si nous sommes en danger. Une telle action préventive peut nous donner l'impression d'être hyper-vigilants, impolis ou stupides si la personne derrière nous n'est pas un criminel, mais quelqu'un qui marche simplement plus vite.

Entendre quelqu'un marcher vite derrière soi est l'un des signes avant-coureurs les plus concrets que l'on puisse avoir, car la plupart sont beaucoup plus subtils, surtout lorsqu'il s'agit de manipulation. Mais voilà : tous les signes avant-coureurs, aussi évidents soient-ils, peuvent être facilement rationalisés et ignorés. Ce n'est pas parce que nous pouvons donner une explication que nous avons raison et que ce que nous vivons n'est pas un problème.

La seule façon de savoir si nous avons pris la bonne décision est d'éviter le mal. Le problème, c'est que nous ne saurons jamais si notre action nous a permis d'éviter un danger ou s'il s'agissait d'une fausse alerte dès le départ. En réalité, le seul moyen pour nous de savoir si nous étions en danger est de nous blesser. Ce n'est évidemment pas un bon plan, mais c'est pourtant ce que beaucoup d'entre nous ont fait, y compris moi-même. Attendre d'être absolument certain qu'il y a un problème avant d'agir, c'est attendre trop longtemps. Pour éviter des dommages potentiels, nous devons être prêts à prendre des mesures de protection, même s'il s'agit d'une fausse alerte.

Pour cela, nous devons faire quatre choses :

1. **Réaliser que prendre des mesures de protection lorsque quelque chose ne va pas n'est pas une réaction excessive.** Lorsque nous avons la drôle d'impression que quelque chose ne va pas, il est important de s'écouter. Le

plus souvent, ce sentiment est juste. Se mettre à l'abri d'un danger potentiel n'est pas une réaction excessive.

2. **Réaliser que le fait d'agir, même si le danger s'avère être une fausse alerte, ne signifie pas que l'action de protection était une erreur ou une réaction excessive.** Si nous pouvons agir suffisamment tôt, nous aurons évité le mal. En termes de sécurité personnelle, nous saurons rarement si ce que nous avons vécu était une fausse alerte ou si nous avons évité le danger. En ce qui concerne les relations, je sais que de nombreux survivants d'abus luttent contre leur perception des événements. Ils craignent de mal interpréter une personne ou une situation parce qu'ils se sentent hyper-vigilants et méfiants. Ils veulent souvent avoir la preuve concrète que cette personne est effectivement problématique avant de partir, car elles craignent de s'éloigner d'une personne formidable. Une situation, en particulier une relation, ne vaut pas la peine d'être vécue si elle vous coûte votre sécurité ou votre santé mentale. J'espère qu'à la fin de ce livre, vous saurez mieux pourquoi certaines choses ne vous conviennent pas, de sorte que vous n'aurez plus besoin que les autres valident vos décisions et que vous pourrez trouver cette validation en vous.

3. **Prendre l'habitude de prendre des mesures de protection, même s'il s'agit d'une fausse alerte.** Il y aura toujours des personnes dans votre vie qui ne seront pas d'accord avec les choix que vous faites. N'attendez pas que tout le monde soit d'accord pour dire que vous faites ce qu'il faut avant de vous protéger. Plus vous vous entraînerez à prendre des décisions sans avoir besoin de l'approbation des autres, plus vous serez autonome.

4. **Accepter que d'autres personnes ne soient pas d'accord avec vos décisions.** Les personnes qui prévoient de quitter une relation violente me disent souvent qu'elles subissent des pressions de la part d'autres personnes et qu'il n'est pas correct de ne pas dire à l'avance à leur conjoint violent qu'elles quittent la relation, ou qu'il n'est pas correct de ne plus avoir de contact avec les personnes qui les blessent. Vous devez faire ce qui doit être fait. Qu'importe si les autres pensent que vous êtes trop prudent ou pas correct lorsqu'il s'agit de vous protéger . Ce n'est pas à eux de vivre avec les conséquences, c'est à vous de le faire. Et, ironiquement, si quelque chose de grave se produit, ils seront parmi les premiers à vous demander pourquoi vous ne vous êtes pas mis à l'abri plus tôt.

En outre, même si nous sommes capables d'identifier les premiers signes pour ce qu'ils sont, lorsque nous sommes soumis à un stress extrême ou soudain, nos défenses physiologiques de lutte, de fuite ou de paralysie se déclenchent. Notre paralysie de défense est généralement déployée en premier, ce qui nous donne l'impression d'être déséquilibrés et nous laisse figés dans un silence stupéfait. Ces différentes défenses se produisent en dehors de notre conscience et nous ne choisissons pas celles que nous utilisons, c'est notre cerveau qui choisit pour nous.

3. Nous pensons que si nous nous retrouvions dans une situation problématique, nous la gérerions de manière appropriée.

Nous avons tous entendu aux informations des histoires de personnes qui retournent en courant dans une maison en feu pour essayer de sauver leurs albums photos, ou qui ont un ex violent qu'elles décident de rencontrer dans un endroit isolé, avant d'être gravement blessées ou tuées. On peut se demander à quoi elles ont bien pu penser.

Lorsque nous entendons parler de personnes qui agissent d'une manière qui semble absurde, il peut être facile de penser que nous n'agirions jamais de la sorte, que nous prendrions les choses différemment. En plus de savoir comment les choses se sont déroulées, nous avons l'avantage de pouvoir penser clairement parce que nous ne sommes pas impliqués dans leur situation. Lorsque nous vivons quelque chose qui sort de l'ordinaire, que ce soit stressant ou non, cela nous déséquilibre, et lorsque cela se produit, nous n'avons pas les idées claires et nous nous contentons de faire ce que nous faisons habituellement.

Par exemple, dans son livre *The Gift of Fear*, l'auteur Gavin deBecker parle d'une étude menée sur des personnes ayant reçu des courriers piégés. Il explique que si une personne reçoit un colis suspect par la poste, elle fait deux choses : elle plaisante sur le fait que le colis ressemble à une bombe postale, puis elle l'ouvre. Pourquoi fait-elle cela ? Tout simplement parce qu'elle ne s'attendait pas à recevoir un jour un colis piégé. Comme elle ne veut pas réagir de manière excessive ou avoir l'air stupide en appelant la police, elle se dit qu'il s'agit probablement d'un colis étrange et qu'il n'y a pas lieu de s'inquiéter.

Ce qui est encore plus intéressant - et plus utile - c'est de savoir que pendant que notre cerveau tarde à traiter ce qui se passe, nous sommes, à un autre niveau, plus profond, conscients d'être en danger. Pour s'en convaincre, il suffit que nous (ou quelqu'un d'autre autour de nous qui vit le même événement, par exemple à côté de quelqu'un qui reçoit un courrier piégé) nous sentions confus, puis que nous énoncions clairement l'évidence, ou que nous commencions à utiliser le sarcasme ou l'humour noir pour décrire ce qui se passe. Nous utilisons inconsciemment l'humour noir pour soulager notre anxiété face à une situation stressante.

Ce qui se passe ici, c'est que le danger est enregistré à un certain niveau, mais qu'il est supprimé à un autre niveau. C'est pourquoi il est si important de faire preuve de prudence. Si vous vous sentez confus, craintif ou si vous craignez que quelque chose ou quelqu'un soit dangereux ou mortel, ces sentiments ne sont pas normaux. Si vous avez encore des doutes, il peut être utile de vous rappeler qu'en général vous ne vous sentez pas comme cela avec la plupart des gens ou dans la plupart des situations.

Lorsque nous rencontrons quelque chose que nous avons du mal à admettre, comme le comportement inapproprié de notre patron ou les actions erratiques de notre partenaire, nous essayons de donner un sens à ce qui se passe parce que cela nous semble logique. Cependant, si nous espérons que ce que nous vivons n'est pas le problème que nous savons au fond de nous qu'il est, nous nous accrocherons à toutes les rationalisations possibles et nous nous dirons que ce n'est pas grave. Par exemple, nous pouvons nous dire que notre patron flirte parce qu'il vient d'un autre pays et que c'est sa culture, ou parce qu'il est plus âgé ou plus jeune et que c'est ainsi que les hommes de cet âge agissent, ou encore qu'il flirte avec tout le monde, ce qui rend les choses acceptables. En ce qui concerne notre partenaire, nous pouvons nous dire qu'il est stressé ou occupé et que c'est pour cela qu'il ne répond pas à nos messages, ou nous pouvons le croire lorsqu'il dit que tous les messages de drague qu'il reçoit sont ceux d'ex qui ne le laissent pas tranquille (mais, bien sûr, cela n'explique pas pourquoi il a continué à répondre).

Si nous sommes déstabilisés par un événement qui provoque à la fois de la confusion et un stress soudain ou extrême, nous nous mettrons en mode de combat, de fuite ou d'immobilisation. Par exemple, après l'explosion du courrier piégé, toutes les personnes présentes au bureau resteront probablement en état de choc ou commenceront à paniquer, se poussant et grimpant les unes sur les autres pour sortir du bâtiment, ou faisant des choses absurdes comme essayer de retourner à leur bureau pour prendre leur attaché-case alors que le bâtiment est en feu. Ou encore, un patron nous fait des avances sexuelles et nous restons figés, incapables de savoir quoi dire ou quoi faire pendant qu'il nous tripote. Une fois l'événement terminé, nous nous sentons coupables, dégoûtés, confus et contrariés d'être restés là sans rien faire pour l'arrêter.

L'idée de courir au bureau pour récupérer sa mallette, de rester là pendant qu'on nous tripote ou de courir dans une maison en feu pour prendre des photos peut sembler absurde, mais ce n'est pas le cas. C'est ce qui se produit lorsque la partie de notre cerveau consacrée à la pensée critique est déconnectée et que les parties plus primitives de notre cerveau, qui contrôlent nos défenses de lutte, de fuite ou d'immobilisation, prennent le dessus. Il en résulte qu'au lieu d'être réceptifs, nous devenons réactifs. C'est la raison pour laquelle nous n'agissons pas de manière logique, ou « comme nous-mêmes », lorsque nous sommes soumis à un stress extrême. Pour vous aider à passer d'une attitude réactive à une attitude réceptive, plusieurs stratégies sont décrites dans la quatrième partie de ce livre.

4. Nous pensons que si nous avons vécu une fois une situation problématique, elle ne se reproduira plus jamais.

En ce qui concerne les abus et les manipulations, nous pouvons penser que nous ne nous y laisserons plus jamais prendre. Or, d'après ma propre expérience et celle de dizaines de milliers d'autres personnes, ce n'est pas le cas. Ce que j'ai vu et vécu personnellement, c'est que si une personne est prise une fois avec une personne manipulatrice ou abusive, les chances que cela se reproduise augmentent, et non pas diminuent.

Il y a deux raisons principales à cela : 1. Elles pensent connaître tous les signes et ce qu'il faut éviter la prochaine fois, ou 2. Elles pensent peut-être que cette personne problématique était un narcissique, un sociopathe ou un psychopathe. Comme moins de cinq pour cent de la population souffre de ces troubles de la personnalité, cela signifie que ce qui leur est arrivé n'était qu'un coup de malchance, comme lorsqu'on est frappé par la foudre. Et parce que c'était un coup de malchance, ils ne sont pas à l'affût des signes à éviter la prochaine fois, parce qu'ils ne pensent pas qu'il y aura une prochaine fois.

En réalité, chaque personne manipulatrice se présente différemment. Certaines sont charmantes et savent écouter, d'autres sont insupportables et égocentriques. Il peut s'agir d'une personne avec qui nous sortons, d'une personne que nous connaissons au travail ou même d'une personne que nous considérons comme un ami. Ils peuvent exercer n'importe quelle profession, avoir n'importe quel âge, sexe, orientation sexuelle, nationalité, religion, signe astrologique, etc. Il est donc important que nous n'établissions pas un lien de cause à effet erroné et que nous ne pensions pas que les hommes, les chefs spirituels, les roux ou les scorpions sont le problème. C'est le comportement manipulateur qui pose problème, et il est plus courant que la plupart des gens ne le pensent.

Chapitre 3 :

Voir la manipulation au moment où elle se produit

Reconnaître la manipulation pour ce qu'elle est, pendant qu'elle se produit, est un processus que l'on peut décrire comme une évolution de la conscience. Plus vous comprendrez ce qu'est la manipulation, les comportements qu'elle implique et comment elle se produit, plus vous serez à même de la voir pour ce qu'elle est. Cette prise de conscience se fait par étapes, chacune accompagnée de son lot de défis.

Première phase : prise de conscience de la manipulation après coup

La première phase se produit rétrospectivement - potentiellement des mois, des années, voire des décennies après la fin de la « manipulation ». Il se peut que nous ayons entamé une thérapie parce que nous étions anxieux, en colère ou déprimés sans savoir pourquoi, et que nous ayons ensuite appris que c'était parce que nous avions été manipulés et abusés, ou que nous ayons réalisé la vérité après que les manipulateurs se soient enfuis avec nos économies, que la promotion qu'ils promettaient sans cesse ne soit jamais venue, ou que leurs affaires aient commencé à faire surface.

Cette première phase de prise de conscience apporte souvent une validation, car nous commençons à réaliser que nous nous sentons en colère, victimes et utilisés pour une bonne raison. Peu après avoir reconnu ce qui s'est réellement passé, la colère commence à s'installer. Nous sommes probablement en colère contre le manipulateur pour tout le mal qu'il nous a causé. Nous pouvons également nous en vouloir de ne pas avoir vu la manipulation à l'époque où elle se produisait.

Le défi de cette phase est de reconnaître que le comportement manipulateur est le problème. Il est compréhensible de penser que le manipulateur était le problème et que s'il n'est plus là, le problème disparaît aussi. Cependant, même si cette personne était le plus grand manipulateur que vous ayez jamais rencontré, il y a de fortes chances qu'elle n'ait pas été la première et qu'elle ne soit pas la dernière. En bref, il est essentiel de comprendre que le comportement manipulateur est le problème, et que ce comportement n'est pas limité à la personne qui vous a fait du mal.

Deuxième phase : prise de conscience de la manipulation pendant qu'elle se produit

Avec la première phase, nous ne pouvions voir la manipulation qu'après coup. Avec la phase deux, nous sommes désormais mieux à même de voir la manipulation au moment où elle se produit. Cette phase de prise de conscience est plus facile à atteindre lorsque l'on a pris le temps d'apprendre les différentes façons dont la manipulation peut se produire et se produit. Plus vous serez conscient de ce comportement, moins il vous déconcertera et mieux vous serez équipé pour y répondre efficacement. Le simple fait de comprendre et de valider les comportements manipulateurs peut suffire à en libérer une personne et à l'engager sur la voie de la guérison.

Le défi de cette phase est de se valider soi-même. Bien que nous soyons plus conscients des comportements problématiques au fur et à mesure qu'ils se produisent, il se peut que nous doutions de notre perception des événements et que nous craignions d'être hyper-vigilants et de mal interpréter la situation en raison de notre expérience antérieure avec des manipulateurs. Ce doute peut nous amener à rechercher la validation des autres. Le problème, c'est qu'à moins que ces personnes ne soient profondément familiarisées avec la manipulation, les chances qu'elles soient capables de la déceler sont minces, voire nulles. Au lieu de cela, elles ont tendance à trouver des excuses et des explications alternatives à ce que vous vivez. Cela ne fait qu'accroître la confusion et le doute. Craignant de réagir de manière excessive, nous accordons au manipulateur le bénéfice du doute... ce qui ne fait que nous maintenir plus longtemps dans une mauvaise situation. Vous devez être capable de déterminer si quelque chose est un problème pour vous, plutôt que de le demander continuellement aux autres. Tant que vous avez besoin de la validation des autres, votre vie ne vous appartient pas.

Troisième phase : Développer une réponse planifiée au comportement manipulateur

La troisième phase consiste à développer les compétences nécessaires pour se préparer à la manipulation, y répondre et la neutraliser efficacement lorsqu'elle se produit. Les compétences les plus importantes requises pour la phase trois sont d'apprendre à fixer des limites, d'affiner la connaissance de la situation et d'être proactif dans votre approche. Ce livre, en particulier les parties quatre et cinq, vous aidera à y parvenir. Ces compétences deviennent beaucoup plus faciles à acquérir une fois que vous savez reconnaître un comportement manipulateur pour ce qu'il est et que vous avez appris à vous valider, ce qui est le cas dans les phases un et deux.

Ce qui est important pour l'instant, c'est de comprendre qu'il existe différentes phases de prise de conscience et comment elles se déroulent. La raison pour laquelle cette compréhension est si essentielle est que la perception claire du comportement est un processus ; ce n'est pas un événement. C'est un processus qui nécessite de la pratique, de l'autoréflexion, de la patience et de l'autocompassion.

Les compétences requises au cours de la troisième phase sont parmi les plus difficiles à acquérir, car elles nécessitent :

- D'identifier les comportements qui ont tendance à vous déstabiliser
- D'identifier vos réactions normales lorsque cela se produit
- D'apprendre de nouvelles compétences à la place
- D'examiner ce qui a fonctionné et ce qui n'a pas fonctionné
- De pratiquer continuellement et faire preuve de compassion et de miséricorde pendant l'apprentissage

Cette phase comporte quatre défis principaux :

1. Garder vos limites avec le manipulateur dont le comportement continuera à vous déstabiliser.
2. Garder le contrôle de vos interactions avec le manipulateur du mieux que vous pouvez.

3. Ne pas laisser les mauvais conseils bien intentionnés ou la pression des autres vous faire dévier de votre route.
4. Ne pas être trop dur avec vous-même lorsque vous ne faites pas les choses exactement comme vous le souhaitiez, et garder sous contrôle les sentiments de frustration, d'accablement ou de manque d'estime de soi afin qu'ils ne fassent pas dérailler les progrès réalisés.

Chapitre 4 :

Ce qu'est la manipulation et ce qu'elle n'est pas

Ce qu'est la manipulation

Dans les relations personnelles, la manipulation est un déséquilibre lent et constant du pouvoir. Ce déséquilibre est créé lorsqu'une personne utilise les émotions de peur, d'obligation ou de culpabilité contre une autre dans le but ultime d'obtenir ce qu'elle veut. Cela peut créer une tension apparemment insupportable, car la menace directe ou implicite d'une punition quelconque pèse sur la balance. Une fois ce déséquilibre créé, la relation cesse d'être saine (si elle l'a jamais été) et stagne. À partir de ce moment, la cible est sur les nerfs en présence de cette personne, attendant la prochaine demande inappropriée ou le prochain changement radical de tempérament. Toutes les tentatives de connexion ou de communication authentiques de la personne cible sont réduites au silence et remplacées par du ressentiment, de l'insécurité et de la peur. Et comme une toupie qui se désaxe, tant que la manipulation est présente, la relation vacille jusqu'à ce qu'elle bascule.

Bien qu'elle puisse se manifester de différentes manières, le dénominateur commun tend à être soit un dépassement des limites, comme une demande inappropriée ou inconfortable, soit une tromperie pure et simple. La manipulation, aussi légère soit-elle, est progressive et s'amplifie au fur et à mesure que les limites sont repoussées. Cependant, la personne visée n'est souvent pas consciente de ces violations subtiles car la dynamique est devenue de plus en plus déséquilibrée et unilatérale. (La notion de dépassement des limites et d'autres termes utiles sont abordés au chapitre 8).

Le spectre de la manipulation

La manipulation va de légère à malveillante, de directe à indirecte, de verbale à non verbale, d'involontaire à intentionnelle, et d'ennuyeuse à mortelle. Tout au long du spectre, il y a un problème.

À l'extrémité douce et agaçante du spectre de la manipulation, on trouve le parent qui tente de culpabiliser son enfant adulte pour qu'il l'appelle ou lui rende visite plus souvent. C'est le patron qui nous pousse subtilement à travailler plus dur, plus longtemps et plus vite dans l'espoir d'obtenir une promotion qui ne vient jamais. C'est l'autre qui est agréable à côtoyer, tant qu'il obtient ce qu'il veut. C'est l'ami qui devient difficile, hargneux, froid ou punitif si vous avez quelque chose de positif dans votre vie qu'il n'a pas.

À l'extrême, le manipulateur tente de vous prendre en otage sur le plan émotionnel. À ce niveau, les enjeux sont élevés et l'intention est claire : faites ce que le manipulateur veut ou il se fera du mal, sera blessé par quelqu'un d'autre, ou vous fera du mal, à vous ou à ceux que vous aimez. La pression exercée pour agir peut être insupportable, car la personne a souvent l'impression qu'elle n'a pas d'autre choix que de faire ce qui lui semble le plus sûr, ce qui signifie souvent céder à la demande du terroriste émotionnel. Le problème, c'est que la pression exercée par le manipulateur est généralement sans fin. Le fait de céder n'améliore pas les choses à long terme ; cela ne fait que soulager le stress de la cible et la menace de la situation à court terme. Malheureusement, le fait de céder à ce type de comportement ne signifie pas que tout va bien maintenant ; cela signifie que cette dynamique a atteint un nouveau point bas et que le manipulateur tentera de vous prendre en otage la prochaine fois qu'il voudra quelque chose.

Voici quelques exemples de personnes qui essaient de vous prendre en otage sur le plan émotionnel :

- Menacer de se suicider si vous ne rétablissez pas la communication.
- Menacer de commencer à boire, à se droguer ou à s'automutiler si vous ne reprenez pas contact avec lui.
- Menacer de demander la garde complète, de refuser le droit de visite, de ne pas rendre visite aux enfants, de ne pas payer la pension alimentaire ou de mettre la personne visée et les enfants à la rue s'ils n'obtiennent pas ce qu'ils veulent.

- Menacer de publier des photos ou des courriels sexy, nus ou autrement personnels de vous en ligne ou à des amis, à la famille et aux collègues de travail.
- Menacer de ruiner votre carrière si vous n'avez pas de relations sexuelles avec eux, si vous ne mentez pas pour eux ou si vous ne faites pas ce qu'ils veulent.

La présence d'une personne manipulatrice dans votre vie est source d'anxiété, d'insécurité émotionnelle et parfois de danger physique. Essayer de répondre à ses exigences, tenter de faire face au stress extrême ou espérer que le manipulateur changera ne sont pas des stratégies efficaces à long terme.

Dans sa forme la plus grave, la manipulation est un jeu de pouvoir qui prend racine dans un dangereux degré d'exigence ou de sadisme. La force motrice à ce niveau est un besoin pathologique de contrôle. Ce type de manipulateur n'est satisfait que si la cible est suffisamment détruite émotionnellement ou physiquement, voire les deux.

À ce stade, il est fréquent que la réalité de la cible ait été remplacée par celle du manipulateur, et elle peut avoir l'impression d'être responsable des mauvais traitements qui lui sont infligés. Elle n'a plus un sens solide de sa propre identité et ses actions sont principalement motivées par la peur de ce que le manipulateur fera si elle n'obéit pas, par la peur de perdre la relation ou par la peur de vivre sans lui. Lorsqu'une personne subit un tel niveau de stress extrême et l'angoisse mentale qui en découle, en particulier de la part d'un être cher, elle peut avoir l'impression de perdre la raison. C'est particulièrement le cas si la personne ne se rend pas compte qu'elle est manipulée ou maltraitée. Si elles se rendent compte qu'elles sont maltraitées, elles peuvent se sentir profondément désorientées et bouleversées par le fait qu'elles puissent aimer ou regretter une personne qui les traite de manière aussi terrible. Si elles ne se rendent pas compte qu'elles sont maltraitées et pensent plutôt que leur relation a des « problèmes », elles ont tendance à se sentir émotionnellement dévastées ou brisées, mais ne savent pas pourquoi. Le plus souvent, cette confusion pousse la personne visée à soutenir ou à défendre continuellement le manipulateur, en affirmant qu'elle l'aime. Ce n'est pas de l'amour. L'amour ne fait pas mal ; c'est le manque d'amour qui fait mal.

Ce que la manipulation n'est pas

S'il est essentiel de comprendre ce qu'est la manipulation, il est tout aussi important de savoir ce qu'elle n'est pas. La manipulation n'est pas un conflit de personnalité, une question de perception, de mauvaise communication, d'influence, le résultat d'un karma, d'une malchance ou de quelque chose que vous avez attiré. Chacun de ces cinq points mérite d'être abordé, afin que vous ne vous laissiez pas dévier par cette ligne de pensée.

1. La manipulation n'est pas un conflit de personnalité (ou de signe du zodiaque).

Les signes du zodiaque ou les conflits de personnalité sont souvent mis en cause lorsque des tensions et des difficultés apparaissent. Toutefois, si les tentatives de communication ne font qu'empirer les choses, c'est qu'il y a plus grave. C'est notamment le cas si la dynamique a démarré sur les chapeaux de roue et qu'elle a soudainement déraillé, sans que vous ne sachiez pourquoi. S'il s'agit d'une tendance constante, il peut être utile de réfléchir à ce qui, dans la situation , a pu conduire à ce comportement erratique et anxiogène, car il se peut que vous soyez enfermé dans un jeu de pouvoir sans même vous en rendre compte.

2. La manipulation n'est pas une question de perception.

Les faits et la perception sont différents, mais on les confond souvent. La manipulation, tout comme l'intimidation verbale ou la violence physique, n'est pas une question de perception. Il existe des comportements qu'une personne peut mettre en avant pour montrer qu'elle est prise pour cible. Cependant, il peut être difficile de mettre le doigt sur ce comportement et de le faire voir aux autres pour ce qu'il est, en raison d'un manque de connaissances ou d'expérience réelle des principales formes de manipulation. La plupart des gens, et même de nombreux professionnels de la santé mentale, ne sont pas capables de voir la manipulation et l'abus pour ce qu'ils sont.

Lorsque la manipulation est subtile, comme une remarque désobligeante ou des changements mineurs dans le comportement du manipulateur qui créent un environnement tendu, comme un regard menaçant ou une présence glaciale, ces comportements peuvent être difficiles à détecter pour les autres. En effet, ils ne voient que des bribes de ce type de comportement et, comme ils n'en sont pas les destinataires, ils manquent de contexte. Cependant, quelle que soit la gravité et l'évidence de la manipulation, il y aura toujours des personnes qui ne pourront pas ou ne voudront pas la voir pour ce qu'elle est, ce qui sera examiné plus en détail dans ce livre. Pour la cible, le fait de voir son expérience niée, minimisée ou invalidée peut l'amener à s'interroger sur sa santé mentale et à se demander si elle ne fait pas toute une histoire pour rien ; cela peut également être exaspérant et revictimisant, parce que c'est le cas.

Voici quelques exemples de comportements manipulateurs subtils :

- Un patron passif-agressif qui persiste à modifier votre emploi du temps, sans vous le dire ou en vous le disant à la dernière minute, et qui s'énerve ensuite contre vous parce que vous arrivez en retard ou que vous n'arrivez pas du tout.
- Un collègue qui est passé du statut d'ami de bureau à celui d'étranger distant dès que vous avez obtenu quelque chose qu'il souhaitait, comme une promotion, une nouvelle voiture, une nouvelle relation, un client qui vous complimente vous et non lui, et ainsi de suite. Les choses semblaient aller bien le vendredi, mais le lundi, un fossé glacial s'est creusé et la personne est devenue difficile, impolie ou exigeante.
- Un ex-petit ami qui menace de se suicider si vous ne le rappelez pas.
- Votre partenaire vous inflige un traitement silencieux lorsque vous n'êtes pas d'accord avec lui.
- Un parent qui vous dit que si vous ne reprenez pas l'entreprise familiale, il vous reniera.

Si ce type de manipulation est plus léger, comme un collègue difficile, son comportement peut être déroutant s'il a des problèmes légitimes avec votre performance au travail. Il est normal que quelqu'un ait un problème avec vous ou votre travail. Cependant, il n'est pas normal qu'il crée un environnement hostile, qu'il sème l'insécurité, qu'il devienne hypercritique, qu'il soit impossible de le satisfaire ou qu'il soit menaçant. Tout comme il est normal que quelqu'un soit frustré ou en colère, mais il n'est pas normal qu'il devienne abusif de quelque manière que ce soit parce qu'il est frustré ou en colère. Par exemple, les personnes ayant un comportement violent diront souvent qu'elles ont crié ou frappé leur cible parce qu'elle les avait contrariées. Cependant, ce n'est pas parce qu'une personne est contrariée qu'il est normal qu'elle s'en prenne aux autres. Elle peut être contrariée et aller se promener, quitter la pièce, se défouler auprès d'un ami, tenir un journal, monter dans sa voiture et mettre de la musique forte, ou crier, et j'en passe. Il n'est pas déraisonnable d'attendre des autres qu'ils vous traitent avec respect ; c'est la règle de base du comportement adulte.

3. La manipulation n'est pas une erreur de communication.

Une mauvaise communication sincère peut souvent être résolue par une conversation brève, assertive et orientée vers des solutions. Si la conversation est continuellement détournée de son cours par des accusations, des déviations, des projections, des triangulations ou des comportements qui ne témoignent pas d'un désir sincère de rendre des comptes et de trouver une solution, le problème n'est pas lié à la communication. Tous ces comportements, et bien d'autres encore, sont abordés plus en détail au chapitre huit.

La raison pour laquelle les problèmes ne sont pas résolus avec les manipulateurs est simple : ils ne veulent pas qu'ils soient résolus. Ils veulent obtenir ce qu'ils veulent, ou ils peuvent se sentir suffisants et supérieurs parce qu'ils peuvent créer tant de drames.

S'il est confronté, le manipulateur peut prétendre que la cible est paranoïaque et qu'elle a mal compris ses actions. Le manipulateur peut même se montrer profondément blessé par les accusations et prétendre être choqué que vous ayez pu penser qu'il était manipulateur ou blessant. Si le manipulateur est émotionnellement immature, il peut ne pas se rendre compte qu'il est manipulateur parce qu'il n'a pas la conscience de soi nécessaire pour reconnaître que son comportement pose problème. En revanche, les manipulateurs les plus intentionnels et les plus malveillants savent *exactement* ce qu'ils font. Si vous vous retrouvez à expliquer à un adulte en pleine possession de ses moyens les principes de base d'un comportement adulte, par exemple pourquoi il n'est pas acceptable de flirter, de mentir, de tricher, de voler, de frapper, et ainsi de suite, c'est qu'il y a un problème et qu'il joue probablement les idiots pour éviter les conséquences. Même s'il n'était pas conscient de son comportement auparavant, si vous lui avez fait comprendre qu'il avait franchi une limite, il le sait maintenant et n'a plus d'excuse. S'il continue à franchir la ligne à l'avenir, vous savez que c'est intentionnel.

Les personnes qui ont un comportement profondément dysfonctionnel se limitent rarement à un ou deux problèmes que vous avez avec elles. Leur comportement problématique est généralisé. Cela signifie pour vous que vous devrez continuellement tracer et maintenir la ligne de démarcation. Dès qu'un problème est résolu, un autre surgit, ce qui peut être épuisant. Si le manipulateur continue à ne voir aucun problème dans son comportement, il commence souvent à accuser la personne visée d'être problématique ou hypersensible. Cela peut amener la cible à se remettre en question et à remettre en cause ses attentes, et à cesser de soulever des questions pour tenter de maintenir la paix. Le résultat est que la cible devient passive et soumise, car elle commence à étouffer ses pensées, ses sentiments et ses opinions.

La cible de ce comportement fou se sent souvent en colère, frustrée, irritée, confuse et rancunière parce qu'il lui est si difficile d'obtenir des réponses de l'autre personne. Cela peut être particulièrement déroutant si la cible pense qu'elle connaît déjà le pire du pire : le manipulateur l'a volée, a volé ses enfants ou son entreprise, a mis quelqu'un enceinte, a accumulé des dettes dont elle n'était pas au courant, etc. De ce fait, la cible peut se demander pourquoi elle n'avoue toujours pas tout - après tout, elle sait déjà ce qu'elle a fait.

Si vous devez encore arracher toute la vérité à quelqu'un, ou s'il cache encore des détails, c'est généralement parce que ce que vous savez n'est que la partie émergée de l'iceberg.

La seule autre explication possible est qu'ils essaient de gagner une lutte de pouvoir qui existe dans leur esprit. Quelle que soit leur intention, dans tous les cas, vous perdez.

Si la personne ne sait vraiment pas à quel point elle est blessante, un dialogue ouvert et honnête devrait entraîner un changement de comportement de sa part. Si le seul changement de comportement que vous constatez est le passage à une autre tactique de manipulation, c'est qu'elle n'est pas désolée et qu'il continuera à agir de la sorte. À ce stade, la seule solution consiste à prendre de la distance. Gardez à l'esprit que la manipulation n'est pas une mauvaise communication, mais une forme de communication indirecte. Ses actions vous disent tout ce que vous devez savoir.

Les différences entre la communication orientée vers les solutions et la communication de contrôle

Les intentions qui sous-tendent la communication peuvent être classées en deux catégories principales : la recherche de solutions et le contrôle.

Si une personne souhaite réellement résoudre un conflit, elle le fera :

- Parler ouvertement des problèmes et des préoccupations qu'elle a avec vous.
- Chercher à entendre votre point de vue et vos sentiments.
- Chercher à explorer le fossé entre votre point de vue, vos sentiments, vos désirs et vos besoins, et les siens.
- Accepter sincèrement la responsabilité de ses actes.
- Chercher une solution.

Si une personne essaie de vous contrôler, elle le fera :

- Fermer la communication sur les problèmes et les préoccupations que vous avez avec elle.
- Faites tourner la conversation pour mettre l'accent sur tous les problèmes qu'elle a avec vous, ou souligner tout ce qu'elle a fait pour vous.
- Minimiser votre point de vue et vos sentiments.
- Invalider vos sentiments et insister sur le fait qu'ils sont justes.
- Essayer de vous faire sentir coupable, mauvais, stupide ou fou parce que vous avez un problème ou une préoccupation.
- La personne évitera d'assumer une responsabilité sincère (elle se justifie, argumentente, se défend, blâme, nie ou minimise son comportement).
- Elle refuse d'être totalement ouverte sur ses actions et n'admet que ce que vous savez déjà.

4. La manipulation n'est pas la même chose que l'influence positive.

La manipulation est parfois confondue avec l'influence positive, car les deux impliquent de tirer parti des émotions d'une autre personne. Un bon coach, mentor, parent ou ami utilise souvent l'influence. Cependant, il existe cinq différences principales concernant l'intention, l'encouragement, la persuasion, le résultat escompté, le résultat réel et la personne qui en bénéficie. Pour qu'un comportement soit considéré comme une influence positive, ces cinq critères doivent bénéficier à l'autre personne. En revanche, pour qu'un comportement soit considéré comme manipulateur (ou problématique dans le meilleur des cas), un seul des critères doit bénéficier au manipulateur.

L'intention. Dans le cas de la manipulation, l'intention du manipulateur est d'obtenir ce qu'il veut ou un résultat souhaité. Dans le cas de l'influence, l'intention est d'encourager (et non de forcer) une autre personne à faire quelque chose dans son intérêt.

Persuasion et encouragement. Dans le cas de la manipulation, la pression est utilisée pour obtenir le contrôle, et la personne qui reçoit le message ne peut pas être en désaccord sans encourir une forme de conflit ou de conséquence. Dans le cas de l'influence, la pression n'est pas utilisée pour contrôler l'autre personne, mais la persuasion est utilisée pour l'encourager. La personne influencée peut refuser la persuasion sans craindre d'être punie.

Le résultat escompté. Dans le cas de la manipulation, l'objectif du manipulateur est d'obtenir ce qu'il veut. Dans le cas de l'influence, l'objectif est d'encourager l'autre personne à faire quelque chose dans son intérêt. C'est à l'autre de décider s'il agira ou non, et cela ne fait pas partie du résultat escompté.

Le résultat réel. Dans le cas de la manipulation, le manipulateur obtient ce qu'il veut en utilisant la pression et le contrôle. En conséquence, la tension et le ressentiment commencent à croître, et la relation donne une impression d'être déséquilibrée et émotionnellement peu sûre. Dans le cas de l'influence, l'influenceur n'essaie pas d'obtenir ce qu'il veut ; il essaie seulement d'encourager l'autre. En conséquence, la confiance et la connexion se développent, et la relation donne l'impression d'être renforcée et émotionnellement sûre.

Qui en profite ? Dans le cas de la manipulation, c'est le manipulateur qui en profite. Dans le cas de l'influence, c'est la personne influencée qui en bénéficie.

Quand les bonnes intentions tournent mal

Parfois, les bonnes intentions peuvent involontairement devenir manipulatrices, contrôlantes ou problématiques, ce qui entraîne des résultats désastreux.

C'est pourquoi il est essentiel de s'assurer en permanence que le résultat réel correspond à notre intention. Pour ce faire, nous pouvons convertir les cinq critères susmentionnés en questions que nous nous posons périodiquement. Ces cinq questions sont les suivantes :

- Quelle est mon intention ?
- Est-ce que j'utilise la persuasion et l'encouragement ou la pression et le contrôle ?
- Quel est le résultat recherché ?
- Quel est le résultat que j'obtiens ?
- Qui bénéficie de ce résultat ?

Après avoir répondu à ces questions, vous serez mieux à même d'identifier les ajustements nécessaires pour maintenir des intentions et une influence positives en adéquation avec des résultats positifs.

5. La manipulation n'est pas un karma, une malchance ou quelque chose que vous avez attiré.

Lorsque nous sommes continuellement victimes de manipulations et que nous nous sentons impuissants à les arrêter, nous pouvons commencer à nous demander pourquoi nous sommes un aimant pour de tels mauvais traitements. En essayant de comprendre pourquoi nous continuons à attirer des personnes problématiques, nous pouvons commencer à nous demander si nous n'avons pas un karma négatif à éliminer ou si nous ne sommes pas punis par Dieu. Dans leur quête de réponses, de nombreuses personnes tombent sur la loi de l'attraction.

Si vous ne connaissez pas la loi de l'attraction, il s'agit de la croyance selon laquelle une énergie attire une énergie semblable. Et comme tout ce qui existe dans l'univers est constitué d'énergie, y compris nous, nous pouvons contrôler ce que nous attirons en modifiant notre énergie. En d'autres termes, une bonne énergie attire les bonnes choses, et une mauvaise énergie attire les mauvaises choses. Toutefois, ce n'est pas toujours le cas. Il arrive que de mauvaises choses arrivent à de bonnes personnes et que de bonnes choses arrivent à de mauvaises personnes. Ainsi, si la loi de l'attraction semble fonctionner parfois, cela ne signifie pas qu'elle fonctionne toujours. Après tout, une horloge cassée a raison deux fois par jour.

Lorsque nous pensons pouvoir influencer des événements qui échappent à notre contrôle, nous nous engageons dans ce que l'on appelle la « pensée magique ». La raison pour laquelle cette pensée est qualifiée de « magique » est que nos actions n'ont pas d'impact sur le résultat, même si, en apparence, elles semblent en avoir.

Voici un exemple de ce que je vois souvent : Une personne est effrayée ou fatiguée d'attirer des personnes blessantes. Et comme les choses se passent en dehors de sa conscience (comme le fait de ne pas savoir quand elle est maltraitée, comment ses vulnérabilités sont exploitées ou quand elle est manipulée), elle peut avoir l'impression que des forces extérieures sont à l'œuvre. Elle commence à lire des ouvrages sur la loi de l'attraction et à fixer son intention d'attirer des personnes bonnes et solides dans sa vie. Inévitablement, une personne charmante, attirante et qui semble partager les mêmes idées se présente. Dans son esprit, elle pense avoir attiré cette personne dans sa vie, et comme la bonne énergie n'attire que la bonne énergie, elle n'utilisera pas un niveau sain de discernement ou de limites parce qu'elle ne pense pas qu'elle en a besoin. Si des signaux d'alarme apparaissent, elle s'empresse de les justifier, car elle ne veut pas que des doutes ou des pensées négatives fassent baisser son énergie. Le résultat est que ces relations peuvent passer d'un tourbillon romantique à une tornade émotionnellement dévastatrice lorsqu'elle réalise que leur partenaire idéal n'est pas du tout ce qu'elle pensait.

La compréhension des principes psychologiques qui sous-tendent la loi de l'attraction et qui donnent l'impression qu'elle fonctionne, ainsi que des raisons pour lesquelles elle peut être dangereuse, est beaucoup plus complexe. Toutefois, comme un examen plus approfondi dépasse le cadre de ce livre, j'ai mis en ligne une série de vidéos sur mon site web, où j'accueille chaleureusement toute conversation sur ce sujet. Si vous êtes intéressé, rendez-vous sur le site : www.thriveafterabuse.com/lawofattraction

Chapitre 5 :

Qui peut être manipulé et qui peut l'être ?

Qui peut être manipulé ?

La manipulation peut se produire n'importe où, à n'importe quel moment, par n'importe qui, envers n'importe qui. Elle peut se produire entre amis, en famille, entre collègues de travail, entre connaissances de l'église, entre voisins ou entre étrangers. Elle existe entre personnes de tout sexe, âge, religion, profession, orientation sexuelle, nationalité ou niveau d'éducation. La manipulation peut être malveillante ou légère, et peut être intentionnelle ou non. Elle peut être le fait d'un prédateur ou d'une personne bien intentionnée qui a des attentes déraisonnables et des moyens dysfonctionnels de satisfaire ses besoins.

Il existe une idée fausse selon laquelle les personnes qui ont des relations avec des manipulateurs le font parce qu'elles ont été victimes de maltraitance ou de négligence dans leur enfance. Ce n'est pas toujours le cas, et même si c'était le cas, la guérison de ces blessures n'est pas la solution complète. Cette façon de penser peut amener une personne à passer des années en thérapie à examiner chaque événement douloureux de son enfance, sans aborder les autres facteurs contributifs. Cependant, lorsque vous arriverez à la fin de ce livre, ces autres facteurs seront beaucoup plus clairs.

En outre, tous les manipulateurs ne sont pas malveillants ou intentionnels. Certaines personnes ayant un comportement codépendant peuvent être bien intentionnées, mais de manière contrôlante ou manipulatrice. Elles peuvent être excessivement occupées à prendre soin des autres ou à essayer de les faire changer, sans se soucier de savoir si leur aide est souhaitée ou non. Ce type de comportement les épuise souvent et engendre de l'hostilité et du ressentiment chez ceux qu'ils essaient de changer ou d'aider. Ce comportement manipulateur n'étant ni malveillant ni intentionnel, il n'est pas l'objet principal de ce livre.

Qui peut être manipulateur

Bien que ce livre s'intitule *Les Règles du Jeu du Narcissique*, il est important de comprendre que n'importe qui, et pas seulement les narcissiques, peut être manipulateur. Les personnes qui manipulent régulièrement et de manière destructive souffrent généralement d'un trouble de la personnalité, d'une immaturité émotionnelle, d'une dépendance, d'une maladie mentale non traitée ou d'une combinaison de ces facteurs. On trouve des manipulateurs dans tous les milieux, et il faut parfois un certain temps pour reconnaître leur comportement. Le spectre des manipulateurs s'étend des parents qui utilisent la culpabilité pour contrôler leurs enfants, aux patrons ou collègues difficiles, en passant par les prédateurs d'enfants, les gourous de secte, les dictateurs assoiffés de pouvoir et tout ce qu'il y a entre les deux.

Mon but n'est pas que vous preniez ces informations et que vous essayiez de vous diagnostiquer ou de diagnostiquer les personnes problématiques qui vous entourent. Mon objectif est que vous compreniez qu'il existe des personnes dont le comportement est tellement problématique, chronique et ancien qu'il dépasse de loin ce que l'on pourrait considérer comme un « comportement problématique normal ». Pour de nombreuses personnes manipulées, le simple fait de savoir que tous les comportements problématiques ne sont pas forcément acceptables peut leur apporter la clarté et la validation dont elles ont besoin pour prendre leurs distances par rapport à certaines personnes. Ce n'est pas juger ou être impoli que de faire preuve de discernement à l'égard de ceux qui vous entourent ; c'est sain.

Bien que certains des troubles de la personnalité les plus destructeurs soient couverts, il est essentiel de ne pas s'attacher aux étiquettes. En effet, les noms et les critères des différents diagnostics ont tendance à changer au fil du temps. Par conséquent, concentrez-vous sur le comportement que ces différents diagnostics indiquent, car le plus important est que vous reconnaissiez les comportements problématiques pour ce qu'ils sont.

Trouble de la personnalité antisociale (TPA)

Anciennement connu sous le nom de sociopathes/psychopathes, le type de personnalité antisociale (TPA) est une personne qui n'a que peu ou pas de considération pour les normes et les règles sociales, et qui est manipulatrice et exploiteuse. Le terme « antisocial » ne signifie pas qu'une personne n'aime pas être en société ou même qu'elle vit en marge de la société. Le terme « antisocial » fait référence à une personne qui satisfait ses besoins d'une manière contraire aux normes et aux valeurs de la société. Sa boussole morale est en perpétuel changement, en fonction de ses désirs du moment. Elles sont souvent hypocrites et attendent des autres qu'ils leur fassent confiance et les traitent avec honnêteté, loyauté et respect, même si elles ne le font pas. Elles sont souvent irresponsables, impulsives, se donnent le droit d'agir et manquent souvent de culpabilité ou de remords sincères pour leurs actions.

Bien que tous ces comportements soient si problématiques que nous pensons les voir venir, ce n'est généralement pas le cas, car de nombreuses personnes atteintes de TPA sont charmantes, sympathiques, charismatiques et sociables. Et il est difficile pour de nombreuses personnes normales et honnêtes de comprendre qu'une personne dangereuse puisse être sympathique. Pour cette raison, et parce qu'elles connaissent toutes les bonnes choses à dire, elles sont facilement capables de s'attaquer aux émotions et aux vulnérabilités des autres et peuvent se comporter de manière convaincante comme une personne merveilleuse. Même pour les personnes les plus proches, il peut falloir des années, voire des décennies, pour voir pleinement leur mensonge pathologique, leur manque d'empathie et de remords, et leur comportement d'exploitation pour ce qu'ils sont.

Par rapport à la plupart des narcissiques, les personnes atteintes de TPA ont tendance à avoir une meilleure conscience de soi, une plus grande intelligence émotionnelle et une meilleure connaissance des situations, ce qui leur permet de mieux dissimuler leur comportement destructeur. Les narcissiques ont tendance à être tellement égoïstes qu'ils ne voient jamais rien de mal dans leur comportement et n'essaient même pas de le cacher parce qu'ils se sentent autorisés à se comporter comme bon leur semble. Les comportements et l'état d'esprit des personnes souffrant d'un trouble de la personnalité narcissique et d'un trouble de la personnalité antisociale se recoupent en grande partie. La meilleure façon de comprendre cela est peut-être de réaliser que les personnes souffrant d'un trouble de la personnalité antisociale sont des narcissiques à la base ; cependant, tous les narcissiques ne sont pas si extrêmes ou exploitants qu'ils seraient considérés comme souffrant d'un trouble de la personnalité antisociale.

Le trouble de la personnalité narcissique (TPN)

Les narcissiques ont tendance à avoir une image exagérée d'eux-mêmes et sont égocentriques au point d'ignorer les besoins des autres et de ne pas s'en préoccuper. Ils attendent es faveurs et des des traitements spéciaux de la part des autres, sont généralement grandiloquents, se croient spéciaux, uniques et différents - parfois au point de se prendre pour un prophète, une réincarnation de quelqu'un de célèbre ou d'important sur le plan historique, ou de penser qu'ils ont un intellect supérieur, alors que ce n'est pas le cas.

Ils sont souvent arrogants, prétentieux, manipulateurs et menteurs pathologiques. Quand leur mauvais comportement est dévoilé au grand jour, leur manque de perspicatité et de responsabilité apparaissent bizarre, ahurissant, et laissent bouche-bée, spécialement s'ils continuent à mentir ou à feindre des émotions pour éviter les consequences de leurs actes. Ce comportement est tellement scandaleux qu'il en devient presque comique. Ce comportement est généralement si manifestement insincère pour tout le monde, à l'exception du narcissique et de ses partisans inconditionnels. Ce genre de situation peut rendre fou le fait de voir des adultes raisonnables et intelligents défendre un comportement absurde.

Les narcissiques ont tendance à avoir un ego très fragile, et toute atteinte réelle ou perçue à leur ego peut les pousser à se déchaîner de manière totalement inappropriée et destructrice. Ils peuvent même s'effondrer complètement, ce qui est la version adulte d'une crise de colère. Dans ce cas, ils ont recours aux injures, aux cris et attendent des autres qu'ils les apaisent en leur accordant ce qu'ils veulent. Si cela ne se produit pas, ils peuvent faire une crise suffisamment violente pour évacuer toute cette énergie et, à la fin de la crise, ils parviennent à se convaincre qu'ils ont « gagné ». Il existe une vieille blague sur la nature exaspérante, immature et illogique des narcissiques, qui dit : « En quoi discuter avec un narcissique revient-il à jouer aux échecs avec un pigeon ? La réponse est que, quelle que soit votre habileté aux échecs, le pigeon va renverser toutes les pièces, chier sur l'échiquier et se pavaner comme s'il était victorieux ». Cette blague est la description la plus précise possible du comportement d'un narcissique.

Les personnes ayant cette personnalité exagèrent souvent ou fabriquent complètement leurs réalisations et leurs talents, font preuve d'un sens du droit et manquent d'empathie ou d'intérêt pour les autres. Ils ne supportent souvent aucune critique ni rien d'autre qu'une obéissance sans faille. Ils utilisent, abusent, exploitent ou négligent souvent les autres pour arriver à leurs fins, et nombre d'entre eux sont des menteurs pathologiques. Certains sont de nature parasitaire et se servent de leurs amis, de leur famille ou de toute autre personne qui les laisse faire. Ce sentiment d'avoir droit à quelque chose leur donne également l'impression qu'ils sont autorisés à punir ceux qui ne leur accordent pas le respect, l'admiration ou l'attention dont ils ont besoin. Il n'est pas rare qu'ils laissent derrière eux une longue traînée de cibles au cœur brisé. Tous les narcissiques ne sont pas aussi malveillants ou déconnectés de la réalité. Certains sont plus arrogants, difficiles, subtilement dévalorisants, égocentriques et distants que d'autres. Cependant, quelle que soit la position d'une personne sur ce spectre, si elle n'est pas disposée à traiter les autres avec dignité et respect, c'est qu'il y a un problème.

Les personnes souffrant d'un trouble de la personnalité narcissique ou antisociale ont souvent deux vies - la vie réelle et la vie imaginaire qu'elles présentent aux autres. Cette vie imaginaire est pleine d'excuses, de manipulations, de demi-vérités, de tromperies, d'escroqueries, de mensonges pathologiques et d'un sentiment illusoire de soi. Ils ont tendance à se présenter comme le héros ou la victime dans les histoires qu'ils racontent. Par exemple, si elles n'ont pas la garde ou le droit de visite de leurs enfants, elles peuvent dire que les tribunaux étaient contre elles ou que leur ex était violent ou manipulait le système. En réalité, il se peut qu'il ait été violent ou qu'il ne veuille rien savoir de ses enfants et qu'il ne se présente pas au tribunal. La seule chose qui est certaine avec une personne qui ment, c'est que tout est incertain.

Personnalité de la triade noire

La personnalité de la triade noire n'est pas un trouble de la personnalité en soi ; c'est une combinaison destructrice d'une personnalité désordonnée (narcissisme), de comportements appris de manipulation et souvent de sadisme (machiavélisme), et d'un fonctionnement cérébral désordonné (psychopathie). Il en résulte une personne extrêmement manipulatrice, exploiteuse, dépourvue d'empathie et de remords, et qui aime causer des dommages et infliger de la douleur aux autres. On dit que certaines personnes aiment regarder le monde brûler. Les personnes ayant une personnalité de la triade noire sont celles-là.

Le trouble de la personnalité borderline (TPB)

Les caractéristiques communes du trouble de la personnalité borderline (TPB) sont la peur chronique de l'abandon, l'instabilité des relations sociales, l'instabilité de l'image de soi, la recherche de l'attention, l'immaturité émotionnelle et l'absence ou l'inadéquation des limites à ne pas dépasser. Les personnes atteintes de ce trouble de la personnalité se livrent souvent à des actes impulsifs et nuisibles pour elles-mêmes, tels qu'une promiscuité dangereuse, l'abus de substances et l'automutilation. Elles ont tendance à lutter contre l'autorégulation émotionnelle, à éprouver des sentiments chroniques de vide, à avoir des accès de colère intense qui sont disproportionnés ou inadaptés à la situation, et à faire preuve d'une paranoïa passagère. Les personnes atteintes de ce trouble de la personnalité ont tendance à mener une vie intense et chaotique, sont hypersensibles au rejet et ont souvent des accès de colère et des crises émotionnelles. Elles peuvent être incroyablement manipulatrices et essayer de prendre les autres en otage sur le plan émotionnel, menaçant souvent de se suicider si elles n'obtiennent pas ce qu'elles veulent.

Un grand nombre des comportements que l'on retrouve dans le TPN, le TPA et le TPB se chevauchent. Il n'est pas rare qu'un narcissique ou un sociopathe devienne dramatique, erratique et émotif dans ses tentatives de contrôle de ses cibles. Cependant, la principale différence réside dans le fait que les personnes souffrant de TPB ont de l'empathie, des remords et de la culpabilité. Bien qu'elles puissent manipuler pour arriver à leurs fins, elles ne sont pas exploitantes comme un narcissique ou un sociopathe, et la plupart de leurs comportements sont plus destructeurs pour elles-mêmes que pour les autres. Si je devais faire un pari, je dirais qu'un grand nombre des stars les plus populaires de la télé-réalité souffrent d'un trouble de la personnalité borerline. Bien que leurs pitreries puissent être divertissantes à regarder, s'ils sont vraiment comme ça hors caméra, il y a de fortes chances qu'ils ressentent beaucoup de douleur, de frustration et de tristesse à cause de tout ce chaos permanent.

Je tiens à préciser que les troubles de la personnalité sont, à la base, un ensemble de comportements et que ces comportements, comme tous les autres, se situent sur un spectre allant de léger à sévère. Il est important de mentionner ce spectre, ainsi que le fait que les troubles de la personnalité peuvent se manifester (et se manifestent) différemment d'une personne à l'autre. J'en parle parce qu'il est fréquent que les personnes ayant subi des abus ou des traumatismes soient diagnostiquées comme souffrant d'un TPB en raison de leur humeur changeante, de leurs relations tumultueuses et de leur comportement réactif et impulsif. Cette dysrégulation émotionnelle peut très bien être davantage liée à un état de stress post-traumatique (ESPT) non traité ou à un état de stress post-traumatique complexe (ESPC), qui peuvent tous deux résulter d'un traumatisme. La principale différence entre les deux est que le syndrome de stress post-traumatique a tendance à se produire après un événement et que ses déclencheurs sont plus facilement identifiables. En revanche, le syndrome de stress post-traumatique a tendance à se produire après des événements répétés, avec un plus grand nombre de déclencheurs. La différence entre un soldat en guerre et un prisonnier de guerre en est un exemple. Ou encore, la différence entre un accident de voiture traumatisant et le fait de passer des années dans une secte. Toutes les personnes ayant subi un traumatisme, même de longue durée, ne développent pas de SSPT ou de SSPT-C, mais c'est le cas de beaucoup d'entre elles.

Pour une victime d'abus, recevoir un diagnostic de trouble de la personnalité borderline peut être dévastateur et renforcer l'insistance du manipulateur sur le fait que c'est lui le problème. Même si une personne souffre d'un TPB ou de tout autre type de trouble de la personnalité ou de maladie mentale, le fait d'avoir été victime d'abus n'en est pas pour autant acceptable ou fautif. Si ce que j'ai mentionné au sujet des traumatismes et des abus semble décrire plus précisément ce que vous avez vécu, je vous encourage à consulter votre thérapeute de soins de santé mentale au sujet d'un traitement supplémentaire pour le TSPT ou le TSPC.

Le traitement standard du trouble de la personnalité borderline est la thérapie comportementale dialectique (TCD). Cette thérapie est basée sur la pleine conscience et l'autorégulation, qui sont des compétences précieuses dont nous pourrions tous bénéficier.

Le trouble de la personnalité histrionique

Les personnes souffrant d'un trouble de la personnalité histrionique ont tendance à avoir une personnalité excessivement dramatique et émotionnelle et à rechercher l'attention. Leur vie est dirigée par leur sexualité ou leur bizzarerie et leur actions ont tendance) être théâtrales, excessives et soit immatures, soit inappropriées – comme si elles ne vivaient pas dans la réalité, mais jouaient un role dans un film de leur propre creation. Elles sont souvent en quête d'approbation et si quelqu'un s'intéresse à elles, même de façon superficielle ou peu sincère, elles ont tendance à croire qu'il s'agit d'une relation plus substantielle qu'elle ne l'est en réalité.

Personnalités addictives

Lorsqu'une personne est aux prises avec une dépendance, elle va souvent mentir, nier, exploiter, manipuler, menacer et faire tout ce qui est en son pouvoir pour s'assurer que sa dépendance est alimentée. Il peut être difficile de savoir si son comportement problématique est le résultat de sa dépendance ou s'il s'agit de sa véritable personnalité. Pour que vous ou un clinicien en santé mentale puissiez le déterminer, la personne dépendante doit être sobre depuis au moins dix-huit mois. Cependant, une personne peut avoir à la fois un trouble de la personnalité et un trouble de l'usage de substances. Il est également possible qu'une personne devienne émotionnellement déficiente à l'âge où elle a commencé à abuser d'une substance.

Quelle que soit la source de son comportement problématique, il est normal de fixer des limites avec une personne dépendante, comme vous le feriez avec n'importe qui d'autre. Le fait d'avoir une dépendance active ou un trouble de la personnalité peut expliquer certains comportements, mais ce n'est pas une excuse.

Troubles du caractère et troubles de la personnalité

De nombreuses personnes cherchent à savoir si la personne qui a un comportement problématique dans leur vie souffre d'un trouble de la personnalité et, le cas échéant, de quel trouble il s'agit. Cependant, j'ai constaté que cette démarche est plus source de confusion qu'autre chose, car les gens se concentrent tellement sur les arbres qu'ils perdent de vue la forêt. Je sais qu'un diagnostic concret peut être validant. Pour beaucoup, cela peut les rassurer sur le fait que ce n'est pas eux et que cette relation est en effet aussi problématique qu'elle le semble.

L'une des distinctions les plus utiles qui n'est généralement pas faite est celle à laquelle le Dr George Simon fait référence dans son livre *Character Disturbance*

: la différence entre un comportement problématique, voire un trouble de la personnalité, et un « caractère perturbé ».

Une personne dont le caractère est perturbé n'a pas de conscience et n'a pas de principes directeurs sur le bien et le mal. Ainsi, même si certaines personnes souffrant de troubles de la personnalité peuvent avoir un comportement que vous trouvez épuisant, si vous posez des limites solides, ce comportement pourrait être tolérable. En revanche, si une personne présente des troubles du caractère, c'est-à-dire qu'elle n'a pas de morale ou d'éthique solide, mais est plutôt guidée par ses impulsions égoïstes et destructrices, il serait sage de prendre vos distances avec elle. Aucune relation saine n'est possible avec une personne qui manque d'empathie, de remords sincères, d'honnêteté, de fiabilité, de loyauté, ou dont les actions vous nuisent ou nuisent aux autres de manière répetée. La fréquentation d'une telle personne, sans parler d'essayer d'établir une relation saine avec elle, n'aboutira qu'au chaos et vous coûtera votre sécurité ou votre santé mentale.

Cela est significative, car jevois beaucoup de gens qui ont un être cher qui souffre peut-être d'addiction ou a été diagnostiqué avec un Trouble de la Personnalité Borderline, un trouble bipolaire, ou même qui a passé un exament psychiatrique avec brio , et parce que cette personne n'est pas officiellement diagnostiquée avec un trouble qui prouve qu'elle souffre d'un manque d'empathie ou de remors, le proche pense que la relation peut être sauvée. Le facteur décisif pour déterminer si une relation est viable ou non doit venir de vos normes et de vos limites, et de rien d'autre. Si vous êtes traité(e) d'une manière inacceptable pour vous et qu'il/elle ne peut ou ne veut pas arrêter, vous devez fixer des limites. Maintenir votre sécurité et préserver la paix dans votre vie, ce n'est pas être égoïste, c'est se protéger.

Chapitre 6 :

Sous-catégories de manipulateurs

Sur la base de mes observations avec les manipulateurs, ainsi que des expériences de milliers d'autres personnes, j'ai identifié six sous-catégories distinctes dans lesquelles les manipulateurs ont tendance à se classer. Ces catégories ne sont pas figées, et certains manipulateurs peuvent appartenir à plusieurs d'entre elles. En outre, les manipulateurs peuvent passer d'un type à l'autre en fonction de leur cible et du résultat souhaité. Les six types de manipulateurs sont : les désorienteurs, les charmeurs, les intimidateurs, les martyrs, les automutilateurs et les destructeurs.

Le désorienteur

Ce type de manipulateur utilise principalement la désorientation sous forme de confusion ou de chaos pour arriver à ses fins. Il peut jouer le long terme en attisant le feu afin d'assister à l'embrasement, de créer le chaos, puis d'intervenir pour proposer une solution qui l'avantage. Il peut aussi jouer à court terme, en créant une confusion immédiate afin de déstabiliser sa cible pour obtenir un gain immédiat, par exemple en disant quelque chose de cruel pour se sentir supérieur à ce moment-là ou dans l'intention de provoquer une réaction explosive chez sa cible.

Le comportement d'un désorienteur étant très irrégulier, il peut varier d'insistant à indifférent et de gentil à méchant, laissant la cible dans l'incertitude et l'anxiété quant à l'humeur qu'elle va rencontrer et à ses raisons. Pour tenter de comprendre, la cible se tourne souvent vers le désorienteur, cherchant à comprendre pourquoi il est si indifférent ou si méchant. Bien entendu, cela ne fonctionne pas et ne fait qu'accroître la confusion de la personne désorientée, qui sait désormais sur quel bouton appuyer.

Le charmeur

Le charmeur utilise son charme pour convaincre presque n'importe qui de faire n'importe quoi. Il a tendance à laisser une impression d'âme sœur à ceux qui l'entourent, surtout s'il est sexuellement séduisant. Les charmeurs causent les dégâts les plus importants car la plupart des gens ne les voient pas venir, et ceux qui les voient ne sont souvent pas crus. Les charmeurs peuvent apparaître comme des personnes bienveillantes, soucieuses, compatissantes et idéales... au début. Au fil du temps, des fissures apparaissent dans la façade du charmeur et un comportement apparemment hors norme tend à se manifester. Cependant, la réalité est que ce comportement inquiétant est le vrai eux, et que la personne charmante que vous avez trouvée si convaincante n'est que de la comédie.

Le charmeur peut continuer à s'accrocher à son masque, en limitant continuellement les dégâts afin de rester perçu comme une personne merveilleuse. La cible a tendance à se concentrer sur le charmeur en tant que solution, au lieu de voir le charmeur comme le problème qu'il est réellement, du moins dans un premier temps. Une fois la confusion dissipée, les dommages causés deviennent évidents.

Lorsqu'une relation avec un charmeur prend fin, la cible doit souvent essayer de guérir d'un niveau de dévastation émotionnelle qu'elle n'aurait jamais cru possible et pleurer la perte d'une personne qu'elle pensait être l'âme sœur. Il existe quatre sous-types de charmeurs : le charmeur charmant, le charmeur charismatique, le charmeur exotique et le charmeur délirant.

Le charmeur charmant

Les charmeurs se présentent comme sympathiques, serviables ou bienveillants, et sont peut-être les plus dangereux et les plus nuisibles de tous les prédateurs, car la meilleure cachette pour le mal se trouve derrière le bien. Ils ont tendance à passer pour des personnes bienveillantes, dignes de confiance et inoffensives, ce qui leur permet d'établir rapidement un climat de confiance et de sympathie. Les personnes souffrant du comportement psychopathique de Munchausen par procuration en sont un exemple classique.

Si les charmeurs jouent au petit jeu, ce qui est souvent le cas des escrocs de rencontres en ligne ou des pickpockets, ils établissent rapidement un lien qu'ils utilisent ensuite pour se rapprocher de leur cible sur le plan émotionnel ou physique. Pour ce faire, ils peuvent avoir recours à la flatterie, afficher quelques sourires ou utiliser une conversation décontractée pour attirer la cible. Si cela se produit en ligne, la cible est rapprochée émotionnellement par le charmeur qui prétend être son partenaire idéal. Après tout, une personne ne donne pas ses économies à un escroc en ligne - elle les donne à une personne qu'elle croit être sa moitié.

Si le charmeur joue sur le long terme, comme un conjoint qui trompe et ment de manière chronique, mais qui veut rester marié parce que cela lui convient, ou s'il est du genre Bernie Madoff, il fera preuve de finesse et rassurera sa cible en lui montrant qu'il est digne de confiance. Parce qu'ils sont très charmants, ils peuvent donner à leur cible l'impression d'être spéciale et importante.

Pour ceux qui se sentent mal aimés, perdus ou seuls, le charmeur peut sembler être la réponse à une prière, du moins au début. Une fois que ses véritables intentions commencent à se révéler, la cible a du mal à concilier ces deux aspects différents de la personne. Si elle est émotionnellement investie dans le charmeur, ce qui est généralement le cas, elle peut avoir beaucoup de mal à s'éloigner de cette dynamique, car l'attention, l'affection ou les promesses que tout va s'arranger peuvent être enivrantes. Si elle est en couple, la cible peut craindre de ne jamais trouver quelqu'un qui la traite aussi bien ou qui la fasse se sentir aussi aimée, du moins dans les bons moments. En réalité, le comportement romantique exagéré du charmeur n'est qu'une comédie, et si la cible ne s'en rend pas compte, alors, tragiquement, toutes les autres relations échoueront parce que les gens normaux n'agissent pas de cette manière. Si le charmeur est violent, la cible est confrontée au défi supplémentaire de savoir que les autres ne la croiront probablement pas, car ces charmeurs sont souvent perçus comme dignes de confiance.

Le charmeur exotique

Ils prétendent avoir des capacités surnaturelles, extra-terrestres ou supérieures à la normale. Ils peuvent prétendre être un médium, un prophète, un gourou, un extraterrestre ou Dieu lui-même. Le thème central est qu'ils sont spéciaux, uniques et différents. Ce caractère unique exerce une fascination particulière - après tout, qui n'a pas envie de parler à Dieu, à un extraterrestre ou à un médium... surtout s'il se sent perdu, effrayé ou seul. Il est courant que le charmeur exotique adopte un style vestimentaire exotique, un nom inhabituel ou un mode de vie unique.

Le charmeur a tendance à utiliser cet attrait exotique pour mettre sa cible en miroir ou promettre une sorte d'avenir idéal ou de réponse. Les personnes attirées par le charmeur exotique accusent les non-croyants d'être fermés d'esprit. Et tous les faits que les non-croyants avancent pour tenter de prouver que le charmeur exotique est problématique ou frauduleux sont rapidement rejetés. Paradoxalement, ce sont les personnes qui tombent dans les filets de ces charmeurs exotiques qui sont les moins ouvertes d'esprit. En effet, faire preuve d'ouverture d'esprit signifie rester ouvert à toutes les possibilités, qu'elles soient vraies ou fausses. Cela ne veut pas dire penser que tout est vrai, surtout si de nombreuses preuves montrent que ce n'est pas le cas. Ce n'est pas de l'ouverture d'esprit, c'est de la crédulité.

Les charmeurs exotiques représentent la grandeur débridée dans ce qu'elle a de pire, mais aussi dans ce qu'elle a de plus efficace. Ils vous feront miroiter un rêve et, à terme, un cauchemar.

Le charmeur délirant

Les délirants et les charmeurs exotiques vont souvent de pair. Ils pensent qu'ils sont spéciaux, uniques, différents, qu'ils ont des pouvoirs surnaturels, qu'ils ont un lien direct avec Dieu ou qu'ils ont un lien avec les extraterrestres ou les morts. Ils ne croient pas forcément à leurs illusions grandioses. Leurs croyances bizzares attirent les personnes perdus et qui recherchent quelque chose. Elles sont utilisées pour gagner de l'argent, pour inciter les gens à les vénérer ou, s'ils souffrent réellement d'une maladie mentale, à croire en leurs illusions parce qu'ils sont tellement convaincus qu'ils ont une vision que personne d'autre n'a. Chez le charmeur délirant, plus le temps passe, plus ses croyances deviennent étranges et dangereuses. Les abus sexuels, les mariages d'enfants, les viols, les meurtres, les vols et les suicides sont tous présentés comme nécessaires ou justes.

Un exemple extrême est celui de Charles Manson, chez qui on a diagnostiqué par la suite une schizophrénie paranoïde (non traitée) ainsi qu'un trouble de la personnalité antisociale. Les délires bizzares et les croyances qui accompagnent la schizophrénie non traitée, couplés aux charisme, à l'intensité et aux comportements manipulsateurs du trouble de la personnalité antisociale peut constituer une combinaison dangereuse . C'est une combinaison à laquelle de nombreuses personnes perdues, solitaires ou vulnérables semblent être continuellement confrontées.

Le chant des sirènes des charmeurs exotiques et délirants est qu'ils promettent souvent de connaître le chemin de la santé, de l'illumination ou de la réalisation de soi. Les mensonges et les demandes extravagantes forment souvent un schéma durable, qui sert de foundation à des croyances bizzares et à des pensées et des comportements resemblant à un culte.

Le charmeur charismatique

Cette personne est intense et persistante. Elle peut ou non passer pour charmante, exotique ou délirante. Son intensité s'apparente à de la passion, et parce qu'elle croit sincèrement à ce qu'elle dit, les autres sont attirés par elle. Leur persistance peut être perçue comme de la sincérité, car cette détermination tenace est quelque chose que les personnes authentiques possèdent souvent. Cependant, pour une personne manipulatrice ou pathologique, cette persistance est une question de contrôle et non d'attention. Dans leur esprit, elles doivent gagner, et elles ne lâchent pas prise ou ne passent pas rapidement à autre chose. Par exemple, elle peut envoyer des SMS ou appeler à de nombreuses reprises, même après que vous lui ayez dit que vous ne vouliez plus la voir ou l'entendre. Il peut traverser le pays pour s'excuser, se présenter chez vous ou sur votre lieu de travail à l'improviste ou sans invitation, ou dépenser de grosses sommes d'argent pour essayer de vous convaincre. Les actions qui suivent permettent de distinguer l'acharnement pathologique de l'acharnement sincère. En général, une fois qu'il a repris le contrôle de la cible, il l'utilise, en abuse, l'exploite ou s'en débarrasse. Lorsque la cible est abandonnée si peu de temps après être retournée avec le manipulateur, elle est souvent confuse parce que le manipulateur semblait si sincère dans sa détermination acharnée à la reconquérir. Ne vous y trompez pas, il ne l'était pas. Pour eux, tout cela n'est qu'un jeu.

Si tous les abuseurs ont tendance à réécrire la réalité à la volée et à chercher à détruire les personnes de leur entourage qui ne sont pas d'accord avec eux, le charmeur charismatique cause des dommages considérables à un grand nombre de personnes. À l'extrême, il peut devenir un dictateur capable d'exploiter des émotions fortes, telles que la peur, la colère et l'espoir, pour persuader les gens de faire ce qu'il veut. Pendant ce temps, les personnes sous leur influence continuent à minimiser tout comportement inquiétant de la part du charmeur charismatique. Après tout, il est difficile de repérer un problème s'il est déguisé en solution ou si nous voulons désespérément qu'il soit la solution.

Intimidateurs

Ces manipulateurs intimident leurs cibles pour qu'elles se conforment à leurs exigences. Ils y parviennent de diverses manières, par exemple en faisant des commentaires humiliants, en gardant le silence, en semant l'insécurité ou en menaçant la cible de conséquences défavorables si elle ne se plie pas à leurs exigences. Même si les intimidateurs ne mettent pas leurs menaces à exécution, celles-ci sont suffisamment effrayantes pour que la cible ne veuille pas s'y risquer. Ces types de menaces placent la cible dans une situation sans issue, la laissant souvent anxieuse et intimidée quant à ce qu'elle doit faire. La cible peut également être furieuse d'être menacée et contrôlée, et contrariée de se sentir poussée à faire des choses qu'elle ne veut pas faire.

Destructeurs/Sadiques

Ces personnes sont les plus délibérées, les plus prédatrices et les plus malveillantes lorsqu'il s'agit de cibler et de blesser les autres. Elles peuvent ou non prendre la peine d'établir un lien avec leur cible. Leur motivation est purement de détruire les autres, que ce soit pour s'amuser, pour nourrir leur ego, parce qu'elles s'ennuient ou simplement parce qu'elles le peuvent. Si quelqu'un semble prendre plaisir à vous faire souffrir, vous feriez bien de vous mettre immédiatement en mode autoprotection et de vous éloigner d'eux aussi vite que possible.

Automutilateurs

Les manipulateurs qui se punissent eux-mêmes se prennent en otage émotionnellement ou physiquement pour amener les autres à faire ce qu'ils veulent. Ils peuvent menacer de commencer à boire, de consommer des drogues ou de se suicider s'ils n'obtiennent pas ce qu'ils veulent. Ils n'assument que très peu, voire pas du tout, la responsabilité de leurs actes et rejettent la faute sur les autres. Leur cri de guerre serait : « C'est à cause de toi que je me suis fait du mal ! ».

Martyrs

Le manipulateur martyr utilise ses actes attentionnés comme moyen de pression. Chaque acte de gentillesse qu'il accomplit est assorti de conditions et est utilisé pour tenter de prendre sa cible en otage sur le plan émotionnel en la culpabilisant par la suite. Ils comptent les points en rappelant à leur cible leurs actes de gentillesse antérieurs et s'attendent à être remboursés au centuple - et s'en prennent à leur cible s'ils ne le font pas. Aux yeux des autres, ils peuvent apparaître comme des personnes bienveillantes et concernées, entourées de personnes qui ne les apprécient pas. Leur principal mode de manipulation pourrait être résumé par la phrase suivante : « Regarde tout ce que je fais pour toi ».

Chapitre 7 :

Comprendre l'état d'esprit des manipulateurs

Les motivations d'un manipulateur peuvent être conscientes ou inconscientes, provenir de son enfance, d'une blessure émotionnelle non guérie ou d'un désir d'arriver à ses fins. Quelle que soit la raison pour laquelle il fait ce qu'il fait, les dommages qui en résultent pour vous sont les mêmes si vous ne vous écartez pas de son chemin destructeur. Vous ne devez pas laisser la pitié, la sympathie, l'obligation, la culpabilité ou l'amour vous amener à justifier les mauvais traitements qu'il vous inflige . Passer du temps à essayer de déterminer quel type de personne pathologique se trouve dans votre vie, ou pourquoi elle vous traite si mal, peut sembler une chose importante à faire ; cependant, ce qui est plus important, c'est de comprendre comment vous libérer de leur manipulation et de faire de votre sécurité et de votre santé mentale une priorité.

En outre, il y a de fortes chances que vous ne compreniez jamais vraiment ce qui motive son comportement. Ses intentions sont souvent profondément enracinées, ont plus d'une cause et peuvent être à la fois déguisées et reportées sur les autres. Il déforme les raisons qui le poussent à agir. Ils peut manipuler parce que c'est facile, commode, que cela l'aide à obtenir ce qu'il veut ou parce qu'il est même agréable pour lui d'essayer de manipuler les autres. Semer le chaos pour arriver à ses fins peut être le moyen le plus facile ou le plus agréable d'atteindre ses objectifs. Ne vous faites donc pas d'illusions en pensant que s'ils savait mieux, ils ferait mieux. Certaines personnes veulent voir le monde brûler.

Deux mentalités différentes

La force motrice qui sous-tend le comportement d'une personne peut être attribuée à l'une des deux mentalités suivantes : la domination ou l'esprit d'équipe. L'identification de l'état d'esprit avec lequel vous interagissez peut contribuer à dissiper une grande partie de la confusion. Peu importe que la personne qui pose problème dans votre vie soit un narcissique malin ou une personne bien intentionnée mais émotionnellement immature. Il peut être difficile de déterminer ce qu'elle est au fond d'elle-même et les motifs de son comportement. Tout ce que nous avons besoin de savoir, c'est l'état d'esprit dans lequel elle se trouve en cas de conflit.

Si elle ne vous respecte pas ou ne respecte pas vos limites, et si la communication orientée vers les solutions ne permet pas de résoudre le problème, c'est que vous n'avez pas affaire à quelqu'un qui cherche une solution. Si la personne nie, rejette la responsabilité sur autrui, ment, essaie de vous rendre dingue ou se soustrait de toute autre manière à ses responsabilités, c'est qu'elle tente d'éviter d'avoir à en assumer les conséquences. Si vous n'arrivez toujours pas à déterminer si vous êtes à l'origine du problème, rappelez-vous toutes les mesures que vous avez prises pour trouver une solution. Si vous êtes comme n'importe quelle autre cible de manipulation, il y a de fortes chances que vous ayez essayé tout ce que vous pouviez imaginer pour faire cesser la tension et faire fonctionner la relation, en vain.

Voici plus de détails sur ces deux mentalités différentes :

Un état d'esprit axé sur la domination

Un état d'esprit axé sur la domination est un état d'esprit dans lequel une personne doit contrôler et gagner. Toute interaction avec elle lorsqu'elle n'obtient pas ce qu'elle veut est une lutte de pouvoir qui entraîne des conséquences si vous ne vous y conformez pas. Ces personnes peuvent être difficiles à satisfaire et trouver des fautes, ou entraîner les autres dans des disputes qui ne sont jamais résolues. Dans les cas les plus graves, elles peuvent être saboteuses, agressives, contrôlantes, dominatrices et incapables de supporter la critique ou la concurrence, quelle qu'elle soit. Dans une moindre mesure, elles peuvent être orientéee vers la recherche de solutions dans certaines situations, mais un déclic semble se produire, elles deviennet impossible à satisfaire et, quoi que vous disiez, elles continuent à soulever de nombreux problèmes sans rapport avec la situation, ce qui vous donne tort. Une personne ayant un esprit de domination, même s'il va et vient, est au mieux immature et a des problèmes non résolus qu'elle est la seule à pouvoir résoudre. Dans le pire des cas, elle a un ego très fragile et s'emporte lorsque quelqu'un n'est pas d'accord avec elle, la conteste, la critique ou a plus de succès qu'elle.

Une personne qui fonctionne avec ce type d'état d'esprit n'est pas intéressée par la recherche d'une solution. Elle cherche à « gagner » à tout prix, même si cela lui porte préjudice. Par exemple, elle peut traîner continuellement son ex-conjoint devant les tribunaux, accumulant les frais de justice pour les deux, simplement parce qu'elle préférerait que les deux perdent si cela signifiait que son ex-conjoint ne « gagnait » pas. Comme le décrit Steven Covey, l'auteur de *The Seven Habits of Highly Effective People*, les personnes qui ont un esprit de domination cherchent à obtenir un résultat du type « je gagne et tu perds » ou « nous perdons tous les deux ». Essayer d'être raisonnable et de trouver une solution avec une personne qui a ce type d'état d'esprit ne vous mènera pas très loin ; cela ne servira qu'à vous frustrer, à contrarier la personne et à l'enfoncer encore plus dans son désir de domination et de victoire. Elle préférerait détruire tout ce qui l'entoure si cela lui permettait de devenir le roi (ou la reine) des cendres.

Un esprit d'équipe

L'esprit d'équipe est à l'opposé de l'esprit de domination du manipulateur. Une personne ayant un esprit d'équipe cherche à résoudre les problèmes et est capable de travailler efficacement avec les autres. Elle utilise une communication honnête, sincère et orientée vers la recherche de solutions pour établir et maintenir des relations. Elle est capable d'entrer en relation avec les autres et d'établir un lien avec eux, ce qui permet d'obtenir un résultat gagnant-gagnant. Même si cela peut parfois s'avérer difficile, elle accepte les critiques constructives, reconnait ses défauts et adapte son comportement. Elle ne sent pas menacée par le succès des autres. Cela ne signifie pas qu'elle n'éprouve pas de jalousie, de colère, de frustration ou d'insécurité - c'est le cas - mais elle ne laisse pas ces sentiments dicter son comportement, et elles ne va pas saboter les autres ou essayer de les prendre en otage sur le plan émotionnel.

Si une personne montre qu'elle n'a pas l'esprit d'équipe dans son approche, vous êtes dans une impasse. Il est temps d'arrêter d'essayer de la convaincre, car la communication inefficace n'est pas le problème. Il est temps de changer votre approche lorsque vous interagissez avec elle.

Les quatre principales motivations des manipulateurs

Les comportements des manipulateurs s'expliquent par quatre raisons principales :

1. **Pour faire avancer leur agenda égoïste.** Ils veulent arriver à leurs fins et déguisent souvent leurs motivations pour y parvenir. Ils peuvent vous dire qu'ils se soucient de vous, qu'ils sont honnêtes, qu'ils sont désolés ou qu'ils ont vos intérêts à cœur. Ces belles paroles font partie de la manipulation et permettent à leurs cibles de rester dans la situation. Ils peuvent se présenter comme désintéressés, bienveillants ou s'excusant parce que cela fonctionne.
2. **Obtenir et conserver le pouvoir et le contrôle sur les autres.** Même si les manipulateurs peuvent se montrer grandiloquents, arrogants ou supérieurs, ils considèrent que le pouvoir est limité. Ils ne peuvent pas laisser les autres s'émanciper parce que cela représente une perte de pouvoir pour eux. Ils ne voient pas de place pour un résultat gagnant/gagnant parce qu'ils n'ont pas l'esprit d'équipe. Si vous cherchez à exercer un contrôle sur vous-même ou sur vos décisions, le manipulateur considère que vous lui retirez du pouvoir. Vous êtes devenu l'ennemi et il prendra des mesures de rétorsion pour reprendre le contrôle.
3. **Se sentir maître de la situation.** Ne pas obtenir ce qu'ils veulent est inacceptable et souvent perçu comme une attaque. Les manipulateurs veulent ou ont souvent besoin d'être perçus comme contrôlant leurs émotions, en particulier celles qui sont associées à la faiblesse, comme l'anxiété, la vulnérabilité, y compris les liens avec les autres, et donc l'amour. Ils ont besoin d'avoir raison et leur ego devient incontrôlable lorsqu'ils ont tort, qu'ils ne sont pas d'accord ou qu'ils sont contestés de quelque manière que ce soit.
4. **Pour nourrir leur ego.** La plupart des gens ne mentent pas régulièrement. Lorsqu'ils le font, c'est généralement parce qu'ils sont gênés, qu'ils ont honte, qu'ils ressentent le besoin de plaire aux autres ou qu'ils ne sont pas à l'aise avec la réalité.

Les individus pathologiques mentent et manipulent pour parvenir à leurs fins, pour semer le trouble, pour saper la santé mentale des autres et pour créer le chaos, souvent parce qu'ils se sentent supérieurs ou parce qu'il est amusant de voir ce qu'ils peuvent faire croire à quelqu'un. Ils peuvent mentir même lorsque la vérité serait plus efficace, simplement parce qu'ils le peuvent ou parce qu'il leur est agréable de voir ce qu'ils peuvent faire croire aux autres. Si vous avez affaire à un menteur pathologique, il serait sage de supposer que s'il parle, c'est qu'il ment. Essayer de distinguer la réalité de la fiction n'est qu'un exercice de frustration. Toute excuse ou justification de son comportement n'est généralement qu'un mensonge de plus et un niveau supplémentaire dans son jeu. Les personnes honnêtes peuvent essayer de trouver des raisons sous-jacentes à un comportement aussi terrible. Ce que nous savons, c'est qu'il n'y a pas de relation possible avec un menteur chronique, car la confiance, la vulnérabilité et l'honnêteté ne sont pas présentes.

Le mal n'a pas de règles

Quelles que soient leurs motivations, il est essentiel que vous compreniez que si vous avez affaire à un manipulateur malveillant, vous avez affaire à quelqu'un de vraiment maléfique, et le mal n'a pas de règles. C'est particulièrement le cas si vous avez affaire à un manipulateur sadique ou mortel. Rien n'est sacré ou interdit pour eux, et essayer d'utiliser la logique et la raison pour comprendre leur comportement ne vous mènera nulle part. Il est essentiel que vous compreniez que vous ne partagez pas la même réalité qu'eux, ni la même façon d'opérer dans ce monde.

Le mal que vous avez vu jusqu'à présent n'est généralement que la partie émergée de l'iceberg. Ils mentiront en disant qu'ils ont un cancer. Ils conduisent leurs prétendus proches à la faillite. Ils peuvent blesser intentionnellement leurs animaux de compagnie ou leurs enfants pour attirer l'attention. Ils mettent une personne enceinte (ou tombent enceintes) pour les piéger. Et le plus dommageable, c'est que pendant qu'ils font tant de mal, leurs cibles continuent à leur accorder le bénéfice du doute et à les soutenir davantage. Après tout, si un manipulateur fait de grands gestes (comme se marier, acheter une maison ensemble, quitter son travail pour s'occuper de son enfant malade ou déménager à l'autre bout du pays pour être avec sa cible), il est difficile de comprendre que ces actions ne sont pas sincères. Mais pour un manipulateur, ce n'est qu'un niveau supplémentaire dans son jeu.

Les manipulateurs malveillants ne perçoivent pas votre gentillesse, votre attention ou votre amour comme étant attachants ; ils les considèrent comme un signe de faiblesse et les exploitent. Il n'y a aucune action que vous puissiez entreprendre pour gagner leur amour, leur respect, ou même pour être traité de manière juste ou appropriée, même s'ils vous feront croire que c'est le cas. Ils vous épuiseront émotionnellement, physiquement et financièrement, et ne ressentiront aucun sentiment de chaleur ou de désir de réciprocité, peu importe tout ce que vous avez fait pour eux.

Si le comportement passé est souvent une bonne indication de ses actions futures, rien ne garantit qu'il ne s'aggravera pas rapidement et sans raison apparente. Si quelqu'un vous montre qu'il a un sens moral limité ou absent, il est préférable de supposer qu'il est capable de faire n'importe quoi. Si une personne vous a montré qu'elle était dangereuse et destructrice, il est bon de supposer qu'elle le sera encore plus à l'avenir et que la situation va empirer. La manipulation et l'abus vont de pair, et les deux s'aggravent avec le temps, au lieu de s'améliorer.

Passer du temps à proximité d'un prédateur et penser que l'on peut contrôler son comportement ou se protéger, c'est comme jongler avec des serpents : on s'adonne à un passe-temps dangereux et ce n'est pas parce que l'on n'a pas été mordu auparavant que l'on ne le sera pas à l'avenir. Si le mal est quelque chose, c'est qu'il est imprévisible.

Chapitre 8 :

Méthodes courantes de manipulation

Lorsque vous avez affaire à un manipulateur, il peut être utile de vous rappeler que même si son comportement blessant est actuellement dirigé vers vous, il ne vous traite pas de cette façon à cause de ce que vous êtes ou de ce que vous avez fait. Une personne manipulatrice crée continuellement le chaos, tente de contrôler ou d'exploiter les autres, parce que c'est sa façon de naviguer dans la vie. Son comportement n'a pas commencé avec vous et ne se terminera pas avec vous. La bonne nouvelle, c'est qu'une fois que vous avez compris le vocabulaire de ce que vous vivez, son comportement n'est plus aussi déroutant et insensé. Il est beaucoup plus facile de s'en détacher.

C'est seulement lorsque nous ne voyons pas leur comportement pour ce qu'il est, et que nous nous attendons à ce qu'il soit différent, que nous sommes continuellement déstabilisés, choqués et frustrés.

Manipulations courantes

Voici quelques-unes des manipulations les plus courantes :

Colère abusive

Nous connaissons tous la colère. La colère est une émotion humaine normale qui se manifeste souvent lorsque nous sommes frustrés, que nous nous sentons impuissants ou qu'une limite a été franchie. Cependant, la façon dont nous gérons cette colère fait toute la différence. Il est normal qu'une personne soit en colère, mais il n'est pas normal qu'elle soit cruelle, intimidante ou violente. On parle de colère abusive lorsqu'une personne s'en prend à une autre. Cela se produit généralement pour trois raisons : le manipulateur n'obtient pas ce qu'il veut, la personne visée agit d'une manière que le manipulateur ne juge pas appropriée, ou la colère abusive peut être un moyen d'intimider la personne visée afin qu'elle ne sorte pas du rang à l'avenir. La personne qui reçoit cette colère abusive cherche souvent des raisons et des explications rationnelles et peut même se sentir responsable d'avoir provoqué l'accès de violence.

Exemple :

- Vous oubliez de répondre à un courriel important et votre patron vous crie dessus ou vous dit que vous êtes stupide ou inutile.

Blâme

Les manipulateurs rendent souvent les autres responsables de leur propre comportement et refusent d'assumer la responsabilité de leurs actes. Ils proposent différentes versions des événements, ainsi que des excuses pour expliquer ce qui s'est passé, jusqu'à ce que la cible accepte l'une des versions ou soit tellement épuisée par les conversations qui ne semblent jamais se résoudre qu'elle arrête d'essayer.

Exemples :

- Vous découvrez que votre partenaire a eu une liaison et vous le confrontez. Au début, il le nie, mais lorsque vous lui dites que vous avez parlé à la personne avec laquelle il vous a trompé, il accuse l'autre de l'avoir séduit et vous reproche de ne pas avoir été plus sexy avec lui.
- Vous portez plainte contre votre ex pour agression physique et il vous reproche de l'avoir fait mettre en prison.

Repousser les limites

Les dépassements de limites se produisent souvent de manière anodine et apparemment innocente... du moins au début. Par exemple, un rendez-vous commence à faire des blagues offensantes, votre mère fait un commentaire grossier sur votre apparence, un collègue de travail vous pose une question profondément personnelle sur votre passé, ou un voisin que vous connaissez à peine vous demande de lui prêter une grosse somme d'argent.

Toutes les personnes qui repoussent vos limites ne sont pas nécessairement des manipulateurs. Personne ne sait où se situent nos limites tant que nous ne les avons pas clairement établies ; toutefois, cela ne signifie pas non plus que tous les dépassements de limites sont bénins ou accidentels. Tout ce que nous pouvons faire, c'est aborder la question du dépassement des limites lorsqu'il se produit et prêter attention à la façon dont l'autre personne réagit lorsque nous maintenons nos limites.

Lorsque ces limites ne sont pas respectées, le manipulateur s'enhardit et apprend à savoir sur quels boutons appuyer à l'avenir. Notre réticence ou notre passivité en réponse à ses pressions, à l'insu de la cible, contribue à donner un rythme à la dynamique.

En prenant conscience de ce qu'est la manipulation et de ce que l'on ressent lorsque nos limites sont franchies, nous sommes mieux équipés pour faire face efficacement aux violations de limites dès qu'elles se produisent, ou du moins peu de temps après. Certaines personnes, dont je fais partie, ont tendance à être tellement déstabilisées par les dépassements de limites qu'elles ne savent pas quoi dire ou comment réagir. Si c'est votre cas, ce n'est pas grave. Prenez le temps de vous ressaisir et, si possible, abordez la question de la violation des limites avec l'autre personne dès que vous êtes prêt.

Charme

Lorsqu'une personne est charmante, les gens ont tendance à croire qu'elle est digne de confiance. Nous avons tendance à attribuer des traits de caractère positifs aux personnes charmantes, et encore plus si elles sont attirantes. Le charme peut avoir un tel pouvoir inconscient que les procureurs doivent souvent préparer un jury à comprendre que des personnes apparemment frêles, féminines, douces, charmantes ou attirantes peuvent commettre des actes odieux.

Certains des manipulateurs les plus dangereux ont tendance à se présenter comme le prince (ou la princesse) charmant(e), surtout lorsqu'ils veulent quelque chose. Ils peuvent sembler être le meilleur parent, la meilleure moitié, le meilleur employé, le meilleur voisin, le meilleur ami ou le meilleur leader spirituel du monde. Au fil du temps, vous commencerez peut-être à voir des fissures dans ce masque lorsque vous le verrez réagir d'une manière qui semble vraiment ne pas correspondre à la personne que vous pensez connaître. Il se peut aussi qu'une personne soit charmante en public, lorsque d'autres personnes la regardent, mais qu'elle soit très différente à la maison. (C'est la raison pour laquelle de nombreux survivants d'abus les décrivent comme étant « à la fois chauds et froids » ou « Dr.

Jekyll et M. Hyde »). Être charmant n'est pas la même chose qu'être une bonne personne. Après tout, Bill Cosby et Ted Bundy étaient tous deux très charmants.

Lorsqu'un manipulateur est charmant, il peut :

- S'intéresser excessivement à vous (ou à vos enfants).
- Ne pas tarder pas à faire de vous (ou de vos enfants) son monde à part entière.
- Vous accorder beaucoup d'attention, d'affection et de compliments.
- Être le premier à s'ouvrir et à vous raconter des choses très intimes à son sujet (qui ne sont peut-être même pas vraies).
- Vous dire que vous pouvez lui faire confiance ou qu'il ne vous fera jamais de mal ou ne vous trompera jamais.
- Promettre qu'avec suffisamment de temps, de compréhension, d'amour, d'attention, de rééducation ou de thérapie, ils pourraient changer.
- Il doit se comporter au mieux et prendre de grandes mesures pour sauver la relation, ou proposer de faire tout ce qu'il faut pour cela.
- Il est déterminé à vous garder dans sa vie et se présente chez vous ou à votre travail, vous appelle continuellement, vous envoie des cadeaux ou vous envoie un nombre excessif d'e-mails ou de textos.
- Présenter ses excuses, supplier, implorer et pleurer.
- Vous envoyer des chansons ou écrire des textes et des courriels poétiques exprimant son amour pour vous, après vous avoir trompé ou avoir abusé de vous.

Exiger, contrôler et ordonner

C'est le cas lorsqu'un adulte tente de contrôler ce qu'un autre adulte fera ou ne fera pas - en fait, il le traite comme un enfant.

Exemples :

- Votre conjoint insiste pour que vous ne vous maquilliez jamais et que vous ne vous habilliez jamais de manière sexy en public - ou il insiste pour que vous vous maquilliez toujours et que vous vous habilliez de manière sexy en public.

- Votre conjoint exige que vous ne travailliez pas, ou que vous travailliez pendant qu'il ne travaille pas, et que vous lui remettiez votre salaire.
- Votre conjoint vous donne de l'argent de poche, c'est-à-dire qu'il vous donne juste assez d'argent pour les courses et l'essence, tandis qu'il dépense l'argent à sa guise.
- Votre belle-mère emmène votre enfant de cinq ans se faire couper les cheveux ou percer les oreilles sans votre permission.

Émotions

Les émotions de peur, d'obligation, de culpabilité et de sympathie sont peut-être les plus exploitées, car elles constituent souvent le moyen le plus efficace d'amener une personne à se conformer. Voici quelques façons dont ces émotions sont couramment manipulées :

- **La peur.** Le manipulateur peut menacer de mettre fin à la relation s'il n'obtient pas ce qu'il veut, ce qui peut déclencher des craintes plus profondes d'abandon, de perte ou de ne pas obtenir ce qui a été promis, comme une promotion ou une pension alimentaire. Le manipulateur peut devenir intimidant et laisser entendre qu'il fera du mal à la personne visée, à ses enfants, à ses animaux de compagnie et à d'autres êtres chers si la personne visée n'agit pas en conséquence.
- **L'obligation.** C'est dans les familles que cette émotion est la plus exploitée. La pression exercée sur la personne manipulée pour qu'elle se soumette à ses besoins est souvent dissimulée sous l'apparence de la sollicitude ou de l'idée qu'il se fait de ce que les membres d'une famille devraient faire les uns pour les autres, quel que soit le mauvais comportement du manipulateur. Par exemple, votre sœur fait pression sur vous pour que vous accueilliez votre mère malade chez vous, alors qu'elle vous maltraite, vous et vos enfants. Même si vous étiez en bons termes avec elle, vous travaillez à temps plein et n'avez pas de chambre libre.
- **La culpabilité.** L'émotion de la culpabilité est souvent étroitement liée à la peur et au sentiment d'obligation. Voici quelques exemples de la façon dont un manipulateur peut utiliser la peur, l'obligation et la culpabilité. Il peut :

* vous blâmer ou blâmer les autres pour leur comportement et leurs problèmes (ce qui peut devenir fou si l'on vous blâme pour leur tricherie, leur mensonge, leur vol, etc.)

* Utiliser votre engagement envers vos enfants contre vous en disant des choses telles que « Les enfants ont besoin de deux parents » ou « Je ne peux pas croire que tu abandonnes notre mariage », alors que c'est lui qui a eu un comportement nuisible à la relation.

* Utiliser la religion contre vous et vous dit que vous n'êtes pas une bonne personne de foi parce que vous ne le laissez pas revenir dans votre vie.

* Menacer de ne plus payer de pension alimentaire ou de ne plus s'occuper des enfants si vous partez.

* Promettre que cette fois-ci sera différente et qu'il changera (mais son bon comportement ne dure pas longtemps, il ne vous a pas dit toute la vérité ou vous continuez à le prendre en flagrant délit de mensonge).

* Promettre de changer, mais vous êtes le (la) seul (e) à pouvoir l'aider.

* Prétendre être atteint d'un cancer ou d'une autre maladie grave, et avoir besoin de vous .

* Menacer de vois tuer ou de se tuer lui-même si vous partez.

- **La sympathie.** Si une personne a eu une enfance difficile, semble perdue sans nous, pleure ou semble physiquement blessée, nous pouvons nous empresser d'écarter tous les signaux d'alarme que nous avons à son sujet et remplacer un sain degré de scepticisme par de la sympathie. Après tout, Ted Bundy avait l'habitude d'aborder les femmes dans un parking en portant un plâtre, afin qu'elles ne voient pas en lui la menace meurtrière qu'il était. C'est parce que nous ne craignons pas ce que nous plaignons.

La confiance n'est pas gagnée d'avance

Les manipulateurs agissent souvent rapidement. Ils ciblent les autres en fonction de ce qu'ils peuvent obtenir, puis s'attaquent à leurs vulnérabilités et repoussent leurs limites jusqu'à ce que la cible cède. L'une des principales façons dont cela se produit est qu'un manipulateur cherche à fusionner les vies d'une manière ou d'une autre, par exemple en emménageant ensemble, en combinant les finances, en ayant un enfant, etc.

Oubli

Le manipulateur prétend qu'il ne se souvient pas de ce qui a été dit ou que ce qui a été dit ne s'est pas produit. Il peut prétendre ne pas se souvenir de ce qu'il vous a promis. Toutes les personnes qui prétendent avoir oublié quelque chose ne mentent pas nécessairement. Il arrive que les gens oublient vraiment. Toutefois, si vous les confrontez à leur comportement et qu'ils continuent à « oublier », il y a un problème.

Exemples :

- Vous êtes au milieu d'un gros projet au travail et votre ex-conjoint vous propose d'aller chercher les enfants à la garderie. Plus tard dans la soirée, vous recevez un appel téléphonique de la garderie vous informant que vos enfants y sont toujours. Vous appelez votre ex-conjoint pour savoir s'il est en route et il vous dit qu'il a oublié. Vous devez alors quitter le travail plus tôt et payer des frais de retard ainsi que la console de deux enfants qui se sentent oubliés.
- Votre petit ami vous propose de venir vous chercher à l'aéroport le samedi soir. Vous lui envoyez un SMS le vendredi pour confirmer et lui dire à quel point vous êtes impatiente de rentrer chez vous et de le voir. Le samedi soir arrive et il n'est pas à l'aéroport. Vous l'appelez pour savoir ce qui se passe, mais il ne répond pas. Après une heure d'attente, vous finissez par appeler votre sœur pour savoir si elle peut venir vous chercher. Vous n'avez pas de nouvelles de votre petit ami avant la fin de la matinée du lendemain, et il vous dit qu'il a oublié et qu'il s'est endormi tôt. Plus tard, vous voyez sur les réseaux sociaux des photos de lui dans un bar avec des amis.

Détournement, déviation et blocage

La diversion et le blocage sont utilisés pour empêcher la discussion, retenir des informations et mettre fin à la communication. Lorsque les manipulateurs détournent l'attention, ils nient leur mauvais comportement et se concentrent sur la cible.

Exemple :

- Vous avez remarqué plusieurs messages en ligne à caractère sexuel entre votre partenaire et un(e) collègue de travail. Lorsque vous interrogez votre partenaire à ce sujet, il vous répond que vous avez des problèmes de confiance et que vous avez besoin d'une thérapie. Lorsque vous abordez à nouveau le sujet, il commence à pointer du doigt tout ce que vous faites et qu'il n'aime pas, ou bien il vous dit qu'il n'est pas question de se disputer à ce sujet et qu'il met fin à toute tentative de discussion de votre part.

Fausse flatterie et/ou faux manque d'estime de soi

Les manipulateurs utilisent souvent leur charme pour vous dire à quel point vous êtes séduisant(e), intelligent(e) ou extraordinaire, et combien ils sont chanceux d'avoir quelqu'un comme vous dans leur vie. Ils peuvent mettre en avant leurs défauts pour paraître peu sûrs d'eux et inoffensifs.

Exemple :

- Vous commencez à sortir avec une nouvelle personne qui vous parle de son ex violent et de sa peur d'être à nouveau blessée. Vous vous surprenez à la rassurer en lui disant que vous ne la traiteriez jamais de cette façon. Au fil du temps, son comportement passe progressivement de l'attention, de la bienveillance et de la réserve à la difficulté, à l'exigence et à la violence verbale.

Recherche de défauts

Lorsqu'une personne est continuellement déconsidérée ou qu'on lui dit que tout ce qu'elle fait est mal, cela peut conduire à une érosion lente et subtile de son estime de soi, lui donnant l'impression que rien de ce qu'elle fait ne sera jamais assez bien, et lui causant une énorme anxiété, l'obligeant à douter de tout. Avec le temps, elle peut commencer à douter de ses capacités et de son jugement, et cesser de prendre des décisions de manière indépendante, se tournant plutôt vers le manipulateur pour obtenir des conseils et des directives.

Exemple :

- Vous avez une collègue qui semble avoir un problème avec presque tout ce que vous faites. Elle se plaint que vos rapports sont trop longs, alors la fois suivante, vous faites en sorte de les raccourcir. Avec le rapport suivant que vous soumettez, elle se plaint qu'il est trop court, alors vous le réécrivez. Maintenant, elle a un problème avec la façon dont vous l'avez formaté ou avec certains choix de mots que vous avez faits. Quelques jours plus tard, cette même collègue vous aborde après le déjeuner et vous dit qu'elle a remarqué que vous éteigniez la lumière de votre bureau en partant. Elle vous dit de laisser la lumière allumée car les clients pourraient penser que l'entreprise est fermée, même s'il y a une douzaine d'autres bureaux et que le vôtre n'est pas visible de la route. Ce jour-là, vous vous assurez de laisser la lumière allumée, mais lorsque vous revenez, elle n'apprécie pas que vous gardiez la porte de votre bureau fermée lorsque vous n'êtes pas là.

Le gaslighting

Cela vient du film *Gaslight*, qui parle de tromperie, de meurtre et d'abus psychologique. Le gaslighting est une forme de violence psychologique dans laquelle une personne tente intentionnellement et malicieusement d'éroder la réalité ou la santé mentale d'une autre personne en affirmant que quelque chose s'est produit alors que ce n'est pas le cas, ou en affirmant que quelque chose ne s'est pas produit alors que ce n'est pas le cas. Il est toutefois essentiel de noter que le fait de nier la réalité d'une personne, même si cela est fait de manière non intentionnelle, bénigne et avec de bonnes intentions, peut avoir des conséquences désastreuses, dont je parlerai plus loin.

Le gaslighting est pratiqué de quatre manières principales, pour quatre raisons très différentes. Cependant, quelle que soit l'intention, il a toujours des conséquences négatives profondes pour la personne qui la subit.

Ces quatre moyens et raisons sont les suivants :

1. **Une personne nie la réalité <u>afin d'éviter les conséquences</u>.**

<u>Exemple</u> : Emily découvre que son mari, Brandon, a une liaison. Lorsqu'elle le confronte, il le nie et lui dit qu'elle est paranoïaque et folle de penser qu'il la tromperait.

<u>Intention probable</u> : Brandon nie peut-être la réalité pour tenter d'éviter les conséquences.

Conséquence : Bien que Brandon n'ait pas l'intention de miner la santé mentale d'Emily, c'est souvent ce qui se produit lorsqu'on dit à quelqu'un qu'il se trompe sur la réalité, surtout lorsque ce n'est pas le cas. La personne qui pratique cette forme de gaslighting a souvent du mal à faire confiance à son propre jugement et aux autres, même lorsque le manipulateur n'est plus dans sa vie.

2. **Une personne nie la réalité pour éroder intentionnellement la santé mentale d'une autre personne.**

Exemple : Charlotte est jalouse que Diana, son « amie » et collègue de travail, ait reçu une augmentation le mois dernier alors qu'elle ne l'a pas eue. Depuis un mois, Charlotte se rend régulièrement au bureau de Diana et supprime des fichiers de son ordinateur. Comme Diana pensait que Charlotte était une amie, elle lui a confié que des fichiers importants avaient disparu et qu'elle n'avait aucune idée de la manière dont cela avait pu se produire. Charlotte lui répond qu'elle est très stressée et qu'elle a dû les égarer. Une semaine plus tard, Charlotte commence à communiquer à Diana des informations erronées sur certains projets, ce qui fait perdre à Diana des clients. Lorsque Diana confronte Charlotte à propos de ces informations erronées, Charlotte se montre choquée et affirme qu'elle n'a jamais rien dit de tel. Elle poursuit en disant à Diana qu'en tant qu'amie, elle lui recommande de consulter un médecin parce qu'elle craint que Diana ne soit en train de faire une dépression nerveuse.

Intention probable : Charlotte essaie intentionnellement de miner la santé mentale de Diana.

Conséquence : Si Diana ne se rend pas compte que Charlotte est à l'origine de tout ce chaos et de toute cette confusion, cette dernière pourrait continuer à jouer avec elle au point que Diana commence à consulter un médecin pour des problèmes d'anxiété ou de dépression. La situation pourrait même s'aggraver au point que Diana soit incapable de garder son emploi ou finisse par faire une dépression nerveuse.

Même si Diana se rend compte de ce que Charlotte a fait, elle peut se sentir méfiante et se méfier des autres.

3. **Une personne nie la réalité parce qu'elle ne comprend pas la réalité d'une autre personne.** Ce type de « gaslighting » involontaire peut se produire avec des cliniciens en santé mentale ou avec la police. Par exemple, Sharon est dans une relation émotionnellement et psychologiquement abusive mais ne le réalise pas - elle pense simplement que sa relation est compliquée, et craint d'être à blâmer car son petit ami a continuellement des problèmes avec son apparence, ses loisirs et ses amis, et ses opinions sur la plupart des choses. Lorsqu'il est contrarié, il crie et l'insulte, ou bien il la traite avec indifférence. Lorsqu'elle aborde ces questions avec son thérapeute, elle se montre trop sensible car sa mère était très critique à son égard lorsqu'elle était enfant. Un autre exemple serait celui d'une personne harcelée par un ex, qui se présente sur son lieu de travail, laisse des cadeaux sur le pas de sa porte ou continue à l'appeler à partir de numéros masqués. Dans de tels cas, la police pourrait dire que ces actions sont autant de signes que l'ex tient toujours à elle.
4. **La personne nie la réalité pour atténuer son anxiété.** Cette quatrième forme de « gaslighting » n'est pas celle qui vient à l'esprit de la plupart des gens lorsqu'ils pensent au « gaslighting » ou à la violence psychologique. Cependant, *de toutes les formes, celle-ci est peut-être la plus préjudiciable parce qu'elle est si courante, considérée comme anodine, et pourtant incroyablement corrosive.* En fait, c'est l'une des principales raisons pour lesquelles les gens s'engagent et restent avec des manipulateurs.

Exemple n° 1 : un enfant tombe et s'écorche le coude. Sa mère se précipite, embrasse son coude et lui dit qu'il « va mieux ».

Exemple n° 2 : un enfant veut essayer un nouvel aliment et son frère ou sa sœur plus âgé(e) lui dit qu'il ou elle ne l'aimera pas et le convainc de manger autre chose à la place.

Exemple n° 3 : un enfant se sent mal à l'aise en présence d'un membre de sa famille et son grand-parent lui dit qu'il est stupide ou difficile et qu'il doit aller faire un câlin à cette personne ou s'asseoir sur ses genoux.

Intention possible : Ces intentions sont généralement bonnes et visent à apaiser l'enfant, à veiller sur lui ou à lui apprendre les bonnes manières. Cependant, quelles que soient nos bonnes intentions, chaque fois que nous insistons sur le fait que les pensées ou les sentiments d'une personne sont erronés, nous la séparons de sa réalité.

Conséquence : La négation de la réalité d'un enfant a pour conséquence qu'il n'apprend pas à interpréter correctement les messages que ses émotions tentent de transmettre. Ou, si ce type d'invalidation est chronique, l'enfant peut se déconnecter complètement de certaines émotions, telles que la douleur, la tristesse ou la colère. Au fur et à mesure que l'enfant devient adulte, il est probable qu'il soit confronté à l'incertitude et à l'indécision parce qu'il n'est pas sûr de ses sentiments et de ses préférences. Souvent, il ne sait pas quand il souffre émotionnellement ou physiquement, et en termes de relations, il ne sait pas quand il est maltraité, ni comment réagir si c'est le cas. Il est prompt à supposer qu'il a tort et se tourne vers les autres pour être validé.

Minimiser et invalider

La minimisation et l'invalidation se produisent lorsque les préoccupations de la cible sont ignorées ou niées. Cela se fait généralement en reprochant à la cible d'être trop sensible, trop émotive, incapable de prendre une blague, de déformer les choses, de chercher la bagarre, de faire toute une histoire pour rien, d'être folle, de perdre l'ouïe ou la mémoire, d'évoquer tout ce que la cible a fait de mal, ou d'accuser la cible d'évoquer ces problèmes parce qu'elle a des problèmes importants en matière d'engagement. Ce qui peut être déroutant ici, c'est que certains points peuvent contenir des pépites de vérité ; par exemple, la cible peut avoir des problèmes de confiance. Toutefois, cela ne change rien au fait que le manipulateur agit de manière indigne de confiance.

Hoovering

Le hoovering est une technique de manipulation nommée d'après l'aspirateur Hoover, par laquelle le manipulateur tente d'aspirer la cible pour la ramener dans la relation. Les tentatives du manipulateur pour rouvrir la communication peuvent sembler inoffensives, comme dire « bonjour » ou « joyeux anniversaire », ou envoyer des textos à l'improviste. Il peut aussi prétendre qu'il est en phase terminale, qu'il est suicidaire, qu'il va devenir sans-abri et qu'il a besoin d'un endroit où loger, etc. La plupart des personnes normales et honnêtes qui subissent ce genre de comportement ont tendance à se sentir impolies si elles ne répondent pas. Les manipulateurs comptent sur vous pour que vous vous sentiez ainsi, alors ne tombez pas dans le panneau. En outre, attendez-vous à ce que leurs tentatives infructueuses de communication avec vous s'intensifient, passant de la douceur à la méchanceté ou de la méchanceté à la douceur. N'oubliez pas qu'ils essaient de vous appâter ou de vous provoquer pour que vous répondiez. Pour eux, il s'agit d'un jeu - un jeu qu'ils essaient de gagner. Ne prenez pas leur persistance pour autre chose. Notez que couper la communication ne consiste pas à punir le manipulateur, mais à prendre les mesures nécessaires pour vous protéger.

Intimidation

Un manipulateur peut être intimidant de manière directe ou indirecte. Il peut s'agir du ton de sa voix , de certains mots qu'il choisit ou d'un froid glacial lorsqu'il entre dans une pièce. Il peut être physiquement intimidant, par exemple en dominant une personne, en la bousculant, en se tenant trop près d'elle, en criant ou en la harcelant.

L'isolement

L'isolement est l'outil numéro un du manipulateur. La manipulation fonctionne mieux lorsque la cible n'est pas entourée d'une autre personne qui peut valider ou l'informer que ce qu'elle vit est effectivement problématique. Le manipulateur peut

- Créer une dynamique « toi et moi contre le monde », où les autres ne comprennent pas tout ce que vous avez enduré, alors qu'en réalité, c'est le manipulateur qui vous a fait endurer tant de choses.
- Séparer la cible de toute personne qui n'est pas favorable à ce qu'elle reste ensemble.
- Faire pression sur la cible pour qu'elle passe moins de temps avec ses amis et sa famille, surtout si le système de soutien de la cible voit comment elle est maltraitée.
- Vous obliger à passer tout votre temps avec kui ou à lui parler.
- Faire pression sur vous pour que vous emménagiez avec lui ou que vous déménagiez dans une autre ville, un autre État ou un autre pays pour être avec lui.

- Faire pression sur vous pour que vous quittiez votre emploi afin qu'ils sache à tout moment où vous vous trouvez.

Si le manipulateur couvre la cible d'attention et d'affection, celle-ci peut, volontairement ou non, s'isoler des autres en passant tout son temps avec le manipulateur. La cible peut également s'éloigner de ses amis et de sa famille par honte de la façon dont elle est traitée ou ses amis et sa famille peuvent s'éloigner de la cible parce qu'ils sont frustrés et fatigués de passer du temps et de l'énergie à soutenir la cible dans ses efforts pour partir, pour finalement la voir revenir une semaine plus tard.

Le mensonge

Le mensonge va souvent de pair avec la manipulation. Le manipulateur peut jouer le rôle de la victime ou inventer des histoires complètement fausses. Lorsque ces mensonges parviennent à la cible, celle-ci est généralement choquée et confuse de savoir comment ou pourquoi elle a pu dire des choses aussi scandaleuses.

Love Bombing

Le love bombing est une communication excessive, des compliments et des simulations d'avenir visant à attirer une cible dans une relation (ou à la réintégrer). Lorsque cela se produit, la cible peut se sentir mal à l'aise face à toute cette attention et cette affection, comme si c'était trop et trop tôt. Si la personne cible confond ce bombardement d'amour avec un intérêt sincère, elle peut tomber à bras raccourcis sur le manipulateur. Une fois que l'attention et l'affection se tarissent, la cible est prête à tout pour les retrouver.

Le love bombing est un phénomène principalement associé aux sectes et aux escrocs de la rencontre en ligne, mais il peut se produire avec des manipulateurs de toute sorte. Ce niveau d'attention n'est pas sincère, il est sinistre. Ce qui peut sembler être un comportement bienveillant au départ se révèle rapidement être un comportement de contrôle. Il peut être enivrant de se sentir aimé et accepté, surtout si la personne se sent seule ou mal aimée depuis longtemps.

Miroir

Dans une certaine mesure, l'effet miroir est un phénomène naturel auquel nous nous livrons tous inconsciemment lorsque nous essayons d'entrer en contact avec une autre personne. L'effet miroir consiste à refléter des éléments des personnes que nous côtoyons. Cependant, un manipulateur peut intentionnellement refléter le style vestimentaire de sa cible, son usage des mots, sa religion, sa spiritualité, sa morale, ses valeurs, ses espoirs, ses rêves et même ses peurs, afin de se rapprocher de sa cible et de créer un faux sentiment de sécurité et un lien de type âme sœur. Les personnes à qui l'on applique un effet miroir peuvent avoir du mal à s'éloigner d'un manipulateur (et à s'en défaire) en raison de cette connexion intense, sans savoir que cette connexion n'a jamais été authentique.

Aiguilles et appâts

On parle d'aiguilles et d'appâts lorsqu'une personne s'attaque (aiguilles) aux problèmes sensibles d'une autre personne afin de l'inciter à réagir de manière explosive ou à se disputer. Le manipulateur se met alors en retrait et clame son innocence ou utilise le comportement très réactif de sa cible comme preuve que c'est elle qui a des problèmes. La cible se demande alors si elle n'est pas la cause du problème.

Projection

Il y a projection lorsqu'une personne projette ses pensées, ses sentiments ou ses actions désagréables sur une autre personne afin d'atténuer son propre malaise. Les manipulateurs sont connus pour cela. Le fait d'être accusé de choses que l'on ne fait pas est incroyablement déroutant et amène la personne visée à s'interroger sur sa mémoire des événements et sur sa santé mentale. Les manipulateurs accusent souvent leurs cibles de tricher, de mentir, de voler, d'être violentes, d'être manipulatrices et de tout ce que le manipulateur a fait ou est en train de faire. Lorsque les manipulateurs agissent de la sorte, il faut se méfier. Il a fait la gymnastique mentale nécessaire pour se faire la victime de vous. Et dans leur esprit, toutes les actions agressives qu'ils entreprennent maintenant sont des actes d'autodéfense.

Le fait d'être à l'autre bout de la chaîne peut être absolument insensé et la personne visée peut commencer à se donner beaucoup de mal pour rester saine d'esprit. Elle peut commencer à écrire ou à enregistrer des conversations, à prendre des photos de messages textuels ou des captures d'écran de ce qu'elle trouve en ligne. Cependant, quelle que soit la quantité de preuves qu'il possède, le manipulateur ne sera jamais totalement responsable de son comportement.

Les dénigrements déguisés en blagues ou en honnêteté « brutale ».

Les manipulateurs ont l'habitude de s'attaquer à l'estime de soi de leur cible par tous les moyens possibles. Le recours à la dévalorisation, aux plaisanteries méchantes ou à l'honnêteté brutale est un moyen courant d'y parvenir. Le manipulateur peut faire des commentaires tels que : « Tes fesses ont la taille d'une grange » ou « Tu te laisses facilement divertir ». Si la cible s'énerve, le manipulateur prétend qu'il ne faisait que plaisanter. (Même si c'est le cas, si vous dites à quelqu'un que vous n'aimez pas ce genre de « blagues » et qu'il continue, c'est qu'il ne respecte pas vos limites - et c'est un problème). Au fil du temps, ce type de commentaires érode l'estime de soi de la personne visée, ce qui la rend plus vulnérable à de futures manipulations, souvent plus graves.

Intimité précipitée

Les manipulateurs agissent rapidement et précipitent l'intimité en amenant leurs cibles à partager leurs désirs les plus profonds, leurs peurs et leurs insécurités afin de les utiliser plus tard contre eux. Ils n'hésitent pas à parler d'amour, de fiançailles, de mariage et d'association de vies. Comme le lien avec l'âme sœur établi au cours du love bombing est renforcé par l'effet de miroir, puis alimenté par cette intimité précipitée, les cibles pensent souvent qu'elles ont trouvé une personne extraordinaire.

Attaques subtiles

Les attaques subtiles consistent à semer des graines de jalousie ou d'insécurité chez la personne visée ou dans son entourage. Ces attaques sont menées de manière à ce que la cible et son entourage ne les voient pas pour ce qu'elles sont. Par exemple, si un manipulateur essaie de salir la réputation de son ex ou d'instiller l'incertitude dans l'esprit des autres, il peut dire quelque chose comme : « Je veux rester poli au sujet de notre divorce. Je ne veux pas qu'elle boive encore plus ou accentuer son trouble bipolaire » . Ces attaques n'ont souvent rien à voir avec la réalité et dépeignent la cible comme instable.

Une autre façon pour le manipulateur d'utiliser des attaques subtiles est d'essayer de faire en sorte que la cible se sente jalouse ou peu sûre d'elle. Le manipulateur peut commencer à flirter avec d'autres personnes ou raconter à la cible comment les autres flirtent avec lui. Même pour une cible qui n'est pas normalement jalouse ou peu sûre d'elle, le fait de recevoir ce genre de commentaires peut la mettre sur les nerfs.

Menace

On parle de comportement menaçant lorsqu'un manipulateur menace un partenaire en s'attaquant à ses plus grandes peurs, généralement en lui retirant la sécurité à laquelle il aspire. Les manipulateurs peuvent menacer ouvertement ou secrètement de rompre, de demander le divorce, de ne pas payer la pension alimentaire, de ne pas voir leurs enfants, de ne pas leur accorder cette promotion, de ne pas les laisser seuls, etc. L'implication est claire : « Fais ce que je veux, sinon.

Triangulation/semer la zizanie

On parle de triangulation lorsqu'il y a trois personnes impliquées dans une situation où il y a deux personnes. Les manipulateurs sont connus pour utiliser la triangulation afin de créer le chaos. Pour ce faire, le manipulateur se place au milieu et monte deux autres personnes l'une contre l'autre en leur fournissant des mensonges, des demi-vérités, des ragots ou des informations privées sur l'autre. Le résultat de la triangulation est la division entre les deux personnes montées l'une contre l'autre, et la bagarre qui s'ensuit.

Exemple :

- Vous venez d'avoir un bébé et vous êtes gênée par votre corps. Votre partenaire le sait et ne cesse de vous dire à quel point sa nouvelle collègue de travail est séduisante et en forme, et qu'il pourrait peut-être lui demander quelques conseils pour vous.

Le travail de sape

Le comportement de décrédibilisation se produit lorsque le manipulateur ne cesse de souligner tout ce qui ne va pas dans les idées ou les décisions de la cible, souvent en refusant de lui apporter un soutien émotionnel en conséquence. Par exemple, si la cible décide de se lancer dans l'investissement immobilier, le manipulateur peut lui dire à quel point le marché est mauvais ou qu'elle ne réussira jamais. Si la cible s'inscrit à l'université, le manipulateur peut critiquer son choix de spécialisation. Ou encore, si la cible veut envoyer ses enfants en colonie de vacances, le manipulateur énumérera tous les défauts de la colonie ou les raisons pour lesquelles les enfants ne devraient pas y aller. Le thème principal est que tout ce que la cible veut faire et que le manipulateur n'approuve pas, le manipulateur sabotera ses efforts. Le résultat est que la cible perd confiance en ses capacités de décision et se tourne vers le manipulateur pour être guidée.

La violence

Le manipulateur peut devenir violent ou menacer de violence de manière directe ou indirecte. Il peut se mettre à crier, à injurier ou à se montrer physiquement intimidant, par exemple en lançant des objets sur la cible ou autour d'elle. Il peut également publier des menaces indirectes ou directes sur les médias sociaux dans le but d'intimider la cible ou d'inciter d'autres personnes à la harceler ou à l'attaquer.

Etalage de vertu

Il s'agit d'une personne qui publie des messages en ligne ou qui se donne beaucoup de mal en personne pour souligner à quel point elle est vertueuse. L'autre jour, j'ai entendu une belle citation qui résume parfaitement le concept d'étalage de vertu. « Si vous voulez nourrir les sans-abri, nourrissez-les. Si vous voulez raconter comment vous avez nourri les sans-abri sur les réseaux sociaux, vous nourrissez votre ego ». Les abuseurs et les manipulateurs aiment souvent faire preuve de vertu, car c'est un moyen facile pour eux d'avoir l'air d'une bonne personne. Ils peuvent avoir un tatouage du nom de leur enfant ou des photos de leur enfant sur tous les réseaux sociaux, mais ils ne les voient que rarement ou ne paient pas de pension alimentaire. Ils peuvent participer à des marches contre la violence domestique, alors qu'en réalité ils sont physiquement violents envers leur conjoint. Ils peuvent parler longuement de la valeur qu'ils accordent à l'engagement, alors qu'ils sont infidèles. L'hypocrisie peut être stupéfiante.

L'usure de la cible

Lorsqu'un manipulateur tente d'épuiser sa cible, c'est généralement parce qu'il veut avoir le dernier mot dans une dispute ou qu'il veut épuiser les efforts de la cible. Par exemple, le manipulateur peut essayer d'épuiser les limites, la patience ou les finances de sa cible, notamment en la traînant continuellement devant les tribunaux pour des questions futiles, ce qui oblige la cible à s'absenter du travail ou à payer les frais de garde d'enfants et/ou les frais de justice.

Le manipulateur peut se lancer dans une longue argumentation pour défendre son comportement, qui est généralement répétitive, circulaire, qui dévie de sa trajectoire, qui manque de tout sens de responsabilité sincère ou de résolution, et qui se concentre sur tout ce qui ne va pas chez la cible. Le résultat est que la personne visée se retrouve frustrée, épuisée et qu'elle regrette d'avoir soulevé le problème.

Une forme plus manifeste d'usure d'une cible se produit dans les sectes et les ventes agressives. Ces deux groupes gardent souvent les gens dans une pièce pendant de longues périodes, les privant de toilettes, de nourriture, de sommeil et d'accès à d'autres personnes qui ne soutiennent pas leur adhésion. Cette pression est dissimulée de manière à ce que les personnes qui ne sont pas d'accord avec leurs croyances ou leurs arguments de vente soient dépeintes comme une force ignorante ou négative qui les retient. En réalité, les vulnérabilités de la cible sont exploitées, car on lui fait continuellement miroiter à quel point sa vie sera belle une fois qu'elle aura adhéré à l'organisation. Si la personne a des questions ou veut partir, elle est souvent humiliée, menacée d'abandon (comme c'est le cas dans les sectes qui renient les anciens membres) ou poussée à rencontrer des membres plus haut placés qui sont capables de la convaincre de rester.

Noyer le poisson/Utilisation d'euphémismes

Le manipulateur choisit ses mots avec soin, souvent pour adoucir ou nier la réalité d'une situation. Par exemple, un manipulateur peut prétendre qu'*il n'*abuserait *jamais* de sa partenaire ou ne le tromperait jamais, mais cela ne revient pas à dire qu'il *n'a jamais* abusé de sa partenaire ou ne l'a jamais trompée. En mettant l'accent sur ce qui pourrait se produire à l'avenir plutôt que sur les événements passés, le manipulateur se dédouane de sa culpabilité et de sa responsabilité.

Une autre astuce consiste à être très sélectif sur la signification d'un mot. Par exemple, ils peuvent dire qu'ils n'ont jamais eu de relation avec une certaine personne, même s'ils ont eu des relations sexuelles avec elle. Ce qui s'est réellement passé, c'est qu'ils ont eu des relations sexuelles avec cette personne, mais dans leur esprit, il ne s'agissait pas d'une relation, alors ils tournent les choses de manière à avoir l'impression d'avoir répondu honnêtement.

Lorsque les manipulateurs répondent de manière aussi sélective, la cible peut avoir l'impression qu'ils essaient de lui arracher la vérité, car c'est le cas. C'est alors la cible qui s'épuise à essayer de choisir les mots exacts et justes pour parvenir à la vérité. Bien entendu, le manipulateur peut jouer les idiots et prétendre que c'est la personne visée qui communique mal et qu'il aurait répondu différemment à la question si la personne visée avait été plus claire. Ne vous y trompez pas, si vous répondiez à ses questions de cette manière, il serait furieux, car un manipulateur n'estime pas que vous avez le droit de le traiter comme il vous traite.

Rétention

Les manipulateurs peuvent retenir des informations importantes, de l'affection, de l'attention ou de la communication. Le manipulateur peut retenir certaines informations importantes, telles que les messages téléphoniques, les jours et heures des rendez-vous importants, les informations sanitaires importantes que son partenaire doit connaître, telles que les infections sexuellement transmissibles, etc. Il peut faire des déclarations telles que : « Je n'ai rien à dire ». « Tu ne mérites pas de savoir » ou « Tu n'as jamais demandé ».

Chapitre 9 :

Comprendre les conversations qui rendent fou

Le chapitre précédent a traité des comportements manipulateurs et abusifs courants. Cependant, il est également essentiel de comprendre *pourquoi* les conversations qui accompagnent ces comportements sont si déroutantes et insensées. L'une des principales raisons pour lesquelles les conversations avec les narcissiques, et de nombreux autres manipulateurs, sont si exaspérantes est que leur communication, en particulier les justifications de leur comportement, a tendance à être illogique. En effet, elles reflètent et expriment leur vision du monde et leur immaturité émotionnelle. Il y a de fortes chances que vous ayez déjà eu des conversations avec un manipulateur au cours desquelles il a dit quelque chose de tellement absurde ou scandaleux que vous êtes resté bouche bée. Vous vous êtes peut-être demandé comment son raisonnement pouvait être à ce point biaisé, et encore plus comment il pouvait dire quelque chose d'aussi problématique à voix haute et penser que ce qu'il disait semblerait raisonnable à quelqu'un d'autre. Ou bien vous avez l'impression que l'incompréhension vient de vous, que vous n'arrivez pas à communiquer efficacement pour une raison ou une autre. Vous avez peut-être l'impression que c'est vous qui êtes difficile ou, si vous avez déjà vécu une relation émotionnellement et psychologiquement violente, que vous interprétez mal tout ce qu'il dit en raison de problèmes non résolus dans le passé. C'est particulièrement le cas si les violences passées étaient plus manifestes, comme des injures ou des cris. En même temps, cette personne se montre passive-agressive en utilisant le sarcasme, un ton de voix condescendant, des plaisanteries blessantes ou d'autres plaisanteries subtiles qu'elle pourrait facilement nier et vous reprocher d'être trop sensible.

Lorsque les gens sont manipulateurs, ils tentent généralement de justifier leur comportement, d'éviter la vérité ou de se soustraire à leurs responsabilités en rejetant la faute sur les autres. Ces tentatives aboutissent souvent à ce que l'on appelle la « salade de mots », une série de réponses assemblées sans cohérence, qui n'ont aucun sens et qui ne servent qu'à faire dérailler la conversation. Pour mieux comprendre la salade de mots, il peut être utile de se familiariser avec le concept de « sophismes logiques ». Le terme « sophisme logique » fait référence à une forme de logique fausse ou défectueuse, ou à une erreur de raisonnement, et constitue un concept fondamental de la philosophie et de la pensée critique. Ces erreurs de raisonnement ne sont pas toujours intentionnelles ou destinées à être manipulées - chacun d'entre nous peut les commettre ou se laisser persuader par elles. Cependant, chaque fois qu'un raisonnement erroné est utilisé, il est difficile de parvenir à une conclusion logique. Une erreur de raisonnement est due au fait que les prémisses de ce que quelqu'un affirme ne soutiennent pas ou ne correspondent pas à la conclusion à laquelle il parvient. C'est ce qu'on appelle en philosophie un « non-sequitur », ce qui signifie en latin « il ne s'ensuit pas ». Le résultat est une conversation qui déraille.

Les conversations avec les manipulateurs ont tendance à devenir vraiment folles lorsqu'ils commencent à utiliser une combinaison de sophismes logiques. C'est souvent la raison pour laquelle une personne cible a du mal à comprendre ce qui s'est passé et pourquoi sa dynamique avec cette personne est si déroutante. En vous familiarisant avec les sophismes les plus courants, vous comprendrez pourquoi certaines conversations peuvent être si exaspérantes et vous obtiendrez la validation nécessaire pour savoir que le problème ne vient pas de vous ou de votre communication. En outre, vous serez en mesure d'améliorer votre analyse des informations, en particulier lorsqu'il s'agit de faire la différence entre un raisonnement ou un conseil solide, et un raisonnement bancal ou un mauvais conseil bien intentionné.

Ce chapitre ne couvre que quelques-unes des principales erreurs de raisonnement utilisées par les manipulateurs et leurs cibles que j'ai le plus souvent observées. Une liste plus complète avec des exemples peut être consultée sur mon site web à l'adresse suivante : www.thriveafterabuse.com/crazymakingconversations . La liste suivante et le concept de sophismes logiques en général peuvent sembler complexes, et ils le sont à bien des égards. L'objectif de ce chapitre est de donner une vue d'ensemble des failles dans la communication.

9 erreurs de raisonnement fréquemment utilisées (sophismes logiques)

1. Le principe de Pollyanna. Cette erreur de raisonnement se produit lorsqu'une personne suppose que les autres partagent la même morale et les mêmes motivations qu'elle. Une autre façon de penser est que si les autres n'ont pas la même morale et les mêmes motivations que vous, alors ils les auraient si seulement ils avaient les mêmes circonstances. Le principe de Pollyanna est un principe que les cibles des manipulateurs adoptent souvent. Ce sophisme contribue à rendre les conversations insensées, car la cible suppose que la communication du manipulateur est sincère, mature et qu'elle vise à maintenir une bonne relation, sans se rendre compte que le manipulateur essaie consciemment ou inconsciemment de gagner et de maintenir le contrôle en détournant la conversation d'une manière ou d'une autre.

Voici quelques-uns des raisonnements erronés qui découlent du principe de Pollyanna :

- *Les autres me traiteront comme je les traite.*
- *Si je fais de bonnes choses, de bonnes choses m'arriveront.*
- *Ils n'avaient certainement pas l'intention de dire ou de faire quelque chose d'aussi blessant.*
- *Ils ne peuvent pas essayer intentionnellement de déclencher une dispute, parce que je ne vois aucune raison pour nous de nous disputer.*

C'est un raisonnement erroné, car tout le monde ne partage pas la même morale et les mêmes motivations que vous. Si une personne a des intentions malveillantes à votre égard, il est essentiel de voir son comportement pour ce qu'il est - et non à travers la lentille de votre compréhension de la façon dont les gens devraient se comporter ou se comporteront. Le principe de Pollyanna est le moteur des pensées et des actions de nombreuses personnes normales et honnêtes qui restent avec des personnes manipulatrices ou les soutiennent.

La seule façon de traiter les autres de manière appropriée et efficace est de les considérer comme tels, et non comme une version brisée de vous-même. Comprendre pleinement cela pourrait bien vous sauver la vie un jour.

2. Appel à l'ignorance. Ce sophisme est utilisé lorsque quelqu'un fonde la validité d'une affirmation sur un manque de preuves. L'idée est que quelque chose doit être vrai parce qu'il n'y a pas de preuve du contraire. L'idée sous-jacente est que si l'on ne peut pas le prouver, cela n'a pas eu lieu.

Exemples :

- *Le petit ami de Sarah lui dit qu'elle ne peut pas prouver qu'il l'a trompée ; par conséquent, il ne l'a pas trompée.*
- *Personne n'a jamais surpris Tina en train de voler. On peut donc lui faire confiance.*
- *OJ Simpson a été déclaré non coupable du meurtre de Nicole Brown et de Ron Goldman. Cela signifie qu'il n'a rien fait.*

Le fait que Sarah ne puisse pas prouver que son petit ami l'a trompé ne signifie pas qu'il ne l'a pas trompé ; cela signifie simplement que Sarah n'est pas en mesure de le prouver. Et si personne n'a jamais surpris Tina en train de voler, cela ne veut pas dire qu'on peut lui faire confiance ; cela signifie simplement que personne ne l'a jamais prise en flagrant délit - sans compter qu'il y a de nombreuses autres choses qu'elle pourrait faire, en plus de voler, et qui la rendraient indigne de confiance. En outre, ce n'est pas parce qu'OJ Simpson a été déclaré non coupable par la cour d'assises qu'il n'a pas assassiné Nicole Brown et Ron Goldman. Cela signifie qu'il n'y avait pas suffisamment de preuves pour qu'un jury le déclare coupable au-delà de tout doute raisonnable sur la base des preuves présentées. (OJ Simpson a par la suite été reconnu coupable de ces deux meurtres au civil).

3. Appel à l'hypocrisie. Ce sophisme consiste à mettre l'accent sur les actes répréhensibles de l'autre personne pour défendre son comportement. La meilleure façon de le comprendre est de dire : « Tes méfaits me dédouanent de mes méfaits ».

Exemple :

Paul se fait arrêter par la police pour conduite en état d'ivresse. Lorsque son père l'apprend, il commence à parler à Paul des dangers de l'alcool au volant. Paul dit à son père qu'il ne peut pas lui dire de ne pas boire et de ne pas conduire alors que son père a également eu des ennuis pour avoir conduit sous l'influence de l'alcool.

Bien que le comportement de son père soit hypocrite et agaçant pour Paul, ce n'est pas parce que son père boit et conduit qu'il est acceptable que Paul boive et conduise ; en outre, les dangers de l'alcool au volant évoqués par son père sont toujours valables.

Une application plus large de ce sophisme serait « j'ai fait ceci parce que tu as fait cela », ou que deux maux doivent être compensés par un bien. Beaucoup de comportements passifs-agressifs et agressifs entrent dans cette catégorie. Un exemple de ce sophisme dans le cadre d'un comportement passif-agressif est celui d'une personne à qui l'on promet une augmentation de salaire mais qui ne la reçoit pas. Elle peut alors se sentir justifiée de ne pas pointer pour la pause déjeuner ou de prétendre avoir travaillé plus d'heures qu'elle ne l'a fait, afin d'augmenter son salaire.

Dans le cas d'un comportement abusif, ce sophisme est utilisé pour justifier : « Regarde ce que tu m'as fait faire ». En voici un exemple :

- *Sonya a oublié de faire la vidange de sa voiture et le voyant est maintenant allumé. Lorsque son père s'en aperçoit, il lui hurle dessus, lui disant qu'elle est stupide et incapable d'être responsable. Il n'aime pas avoir à crier et à l'insulter, mais comme elle a oublié de faire la vidange, il n'a pas eu d'autre choix que de crier et de l'insulter.*

En réalité, son erreur ne justifie pas le comportement violent de son père. S'il est peut-être en colère contre elle, il y a bien d'autres façons pour lui de régler la situation sans devenir violent.

L'autre façon dont cette erreur de raisonnement est utilisée par les personnes ayant un comportement abusif est de penser que la cible ne peut pas tenir l'agresseur pour responsable de son comportement problématique si la cible a déjà fait quelque chose, *réel ou perçu*, qui a posé problème à l'agresseur. Lorsqu'une personne a ce type de raisonnement, la situation peut s'aggraver rapidement et sans avertissement, car si l'agresseur pense avoir été lésé, ce n'est pas le cas : l'injustice n'a eu lieu que dans son esprit. Cela est dû à sa vision déformée du monde, qui veut qu'il ait raison et que tous les autres aient tort. Le résultat de ce mode de pensée est qu'il s'attend à ce que les autres pensent, ressentent et agissent d'une certaine manière, et si ce n'est pas le cas, il est en droit de les maltraiter. Les cibles tentent souvent de « faire mieux » et de ressembler davantage à ce que veut l'agresseur pour éviter d'être punies d'une manière ou d'une autre. Les attentes de l'agresseur changent constamment, et il s'attend à ce que les cibles lisent dans les pensées de l'agresseur et sachent donc d'une manière ou d'une autre qu'elles ont fait quelque chose qui n'est pas acceptable pour l'agresseur. Même si la cible recevait une liste de choses à faire et à ne pas faire, qu'elle pouvait la suivre parfaitement et que cela mettait fin à l'abus (ce qui ne serait toujours pas le cas), le résultat serait qu'elle aurait perdu une grande partie de ce qui fait d'elle un individu dans ses efforts pour apaiser l'abuseur.

Exemples :

- *Betty rentre à la maison avec une nouvelle coupe de cheveux. Son mari entre dans une colère noire, l'accusant d'essayer de se rendre plus attirante pour les autres hommes. (Le mari de Betty se sent autorisé à s'en prendre à elle parce que, dans son esprit, elle essaie d'attirer l'attention d'autres hommes. Ce type de raisonnement et de comportement est courant chez les personnes violentes, car elles s'attendent à ce que la personne visée agisse toujours de la manière qu'elles jugent appropriée. Si ce n'est pas le cas, l'agresseur prend cela pour une attaque personnelle, alors que ce n'est pas le cas - il s'agit simplement d'une personne à part entière).*
- *Sasha et Ryan sortent ensemble. Il découvre qu'elle le trompe. Lorsqu'il la confronte, elle lui dit qu'il ne peut pas lui en vouloir de l'avoir trompé parce qu'il a pris du poids.*

4. Blâmer la victime. L'agresseur reproche à la victime (ou à la cible) d'avoir été maltraitée ou d'avoir agi de la sorte. En termes de manipulation, cette stratégie est souvent utilisée pour tenir la victime ou la cible en otage sur le plan émotionnel.

Exemples :

- *Si tu ne te remets pas avec moi, je vais me tuer, et tout sera de ta faute !*
- *Tu as oublié d'acheter de la nourriture pour chat au magasin, c'est pour ça que je t'ai crié dessus.*
- *Je t'ai dit que je te tuerais si tu essayais de me quitter. Tu as essayé de me quitter, je t'ai battu, et maintenant je dois aller en prison pour ce que tu m'as fait faire ! Tout est de ta faute ; tu as ruiné ma vie.*

5. Appel à l'émotion. Cela se produit lorsqu'une personne manipule les émotions d'une autre personne pour atteindre ses propres objectifs. Les émotions les plus couramment invoquées sont la culpabilité, la pitié, la peur et la colère. Cette erreur de raisonnement est différente de celle qui consiste à « blâmer la victime », dans la mesure où il s'agit de blâmer quelqu'un d'autre pour les actes d'une autre personne (l'agresseur). En revanche, en faisant appel aux émotions, la personne ne les blâme pas nécessairement. Elle tente néanmoins de susciter un certain sentiment. De nombreux manipulateurs savent que s'ils deviennent bruyants ou agressifs, les personnes qui les entourent et qui préfèrent éviter les conflits auront tendance à s'y plier. Cette méthode est si efficace que l'on enseigne à de nombreux avocats de première instance la règle suivante : « Si vous avez les faits, appuyez sur les faits. Si vous avez la loi, appuyez sur la loi. Si vous n'avez ni l'un ni l'autre, tapez sur la table ». L'agressivité est un moyen de prendre le contrôle de la situation en déstabilisant les autres et en les intimidant pour qu'ils se conforment.

Exemples:

- *Si tu m'aimais, tu me donnerais une autre chance.*
- *Je sais que tu as une ordonnance restrictive contre moi, mais je viens d'apprendre que j'ai un cancer et j'ai besoin de te parler.*
- *Une femme demande le divorce à son mari violent. Celui-ci lui répond qu'elle est égoïste et qu'elle doit penser aux enfants.*

6. L'erreur du continuum. Cette erreur consiste à penser que si deux choses existent sur un continuum et qu'il n'y a pas de point définissable où ces deux choses se rejoignent, alors ces choses sont identiques. Par exemple, puisque le comportement humain existe sur un continuum allant du fonctionnel au profondément dysfonctionnel, et que nous avons tous des comportements le long de ce continuum, alors le comportement de personne n'est ni meilleur ni pire que celui de quelqu'un d'autre. S'il est vrai qu'un comportement n'est jamais fonctionnel ou dysfonctionnel à 100 %, il existe néanmoins des comportements qui sont plus fonctionnels ou dysfonctionnels que d'autres. La phrase « Personne n'est parfait » est souvent le reflet de l'erreur du continuum - puisque le comportement de personne n'est pas bon ou mauvais à 100 %, nous ne devrions pas avoir de problème avec le comportement de quelqu'un, parce que nous ne sommes pas parfaits non plus

Exemple : Zoé confronte Logan à plusieurs mensonges dans lesquels elle l'a surpris. Il s'énerve, lui dit qu'elle est folle et rompt avec elle. Zoé est bouleversée, mais elle se rend compte que c'est mieux ainsi et qu'elle doit aller de l'avant. Plus tard dans la nuit, Logan commence à lui envoyer des textos pour lui dire qu'il lui pardonnera de l'avoir accusé d'avoir menti. Il continue à la manipuler et à semer les graines de l'insécurité en disant qu'il l'aime même si elle est folle et jalouse. Zoé dit qu'elle en a fini et demande à Logan de ne plus l'appeler. Logan s'énerve et commence à lui faire remarquer toutes les erreurs qu'elle a commises et à lui dire qu'elle pense qu'elle est meilleure que lui, mais qu'elle ne devrait pas, car elle a un gros nez, sa nouvelle coupe de cheveux est moche et elle n'est pas en forme, donc elle n'est pas aussi parfaite qu'elle le pense. Zoé ne se laisse pas faire et répète à Logan qu'elle ne veut plus le voir et qu'il la laisse tranquille. Elle raccroche ensuite le téléphone et bloque le numéro de Logan.

Si personne n'est parfait, cela ne signifie pas que tous les comportements doivent être tolérés. Nous pouvons toujours être des personnes imparfaites et avoir des limites et des freins.

7. Appel à l'intuition. Il s'agit d'une personne qui utilise son intuition pour déterminer si une chose est vraie ou non.

Exemple n° 1 : Suzy dépose un rapport auprès de Diana, la responsable du département des ressources humaines de son entreprise, affirmant que son patron, Brian, la harcèle sexuellement. Après le départ de Suzy, Diana détruit le rapport parce qu'elle n'a jamais eu de mauvais pressentiments de la part de Brian et qu'il ne peut donc pas harceler sexuellement Suzy.

Il s'agit d'une erreur de raisonnement car Diana substitue son intuition sur Brian à la vérité, au lieu de réaliser qu'il s'agit de son expérience subjective avec lui et non d'une preuve de son comportement envers les autres.

Exemple n° 2 : Lisa ne veut pas sortir avec Ted pour un deuxième rendez-vous parce qu'elle a un sentiment troublant à son égard.

La raison pour laquelle l'instinct ou l'intuition de Lisa *n'est pas* une erreur de raisonnement dans cette situation est qu'elle n'affirme pas que son instinct à propos de Ted est la vérité. Elle ne veut pas sortir avec Ted parce qu'il y a quelque chose chez lui qui la met mal à l'aise, et se sentir mal à l'aise avec quelqu'un est une raison valable pour ne pas sortir avec lui. Si Lisa disait qu'elle ne veut pas sortir avec Ted parce que son instinct lui dit que c'est un tueur en série, ce serait plus discutable car nous ne savons pas si Ted est vraiment un tueur en série. Cependant, il est tout à fait normal que Lisa ne veuille pas aller à un deuxième rendez-vous avec lui.

8. Généralisation hâtive. Il s'agit d'une généralisation importante basée sur une petite quantité d'informations.

Exemple n° 1 : Les trois derniers hommes que j'ai fréquentés m'ont tous trompée, donc tous les hommes sont des tricheurs.

Exemple n° 2 : Tous les amis qui ont trahi ma confiance étaient des Scorpions, donc tous les Scorpions sont manipulateurs et ne sont pas dignes de confiance.

Exemple n° 3 : Toutes les blondes s'amusent, toutes les brunes sont sérieuses et les rousses ne font que causer des ennuis.

Dans ces trois exemples, une généralisation est basée sur une petite quantité d'informations. Les victimes d'abus tombent souvent dans cette erreur de raisonnement lorsqu'elles essaient d'éviter les manipulateurs. Lorsqu'une personne ne considère pas le comportement problématique comme le problème, elle est encline à établir toutes sortes de liens de cause à effet erronés et à faire des généralisations hâtives telles que celles mentionnées ci-dessus.

9. Hareng rouge. Historiquement, un hareng rouge était un poisson à l'odeur forte utilisé par les chasseurs (ou les criminels) pour éloigner les limiers de leur piste. Le terme est aujourd'hui utilisé pour décrire les tentatives d'une personne pour détourner l'attention du sujet traité, ce qui a pour effet de faire déraper la conversation.

Exemple :

John rentre du bar à quatre heures du matin. Sandra, sa femme, s'énerve et lui demande pourquoi il rentre si tard. John répond que Sandra est rentrée tard hier soir et qu'elle n'a donc pas le droit d'être contrariée (appel à l'hypocrisie). Sandra répond qu'elle est rentrée à sept heures du soir, pas à quatre heures du matin, et que si elle est rentrée tard, c'est parce qu'elle avait une réunion qui s'est prolongée. John dit qu'il n'en est pas certain et que Sandra le trompe peut-être. Troublée par l'insinuation de John selon laquelle elle pourrait le tromper, elle commence à se défendre... et le sujet est maintenant centré sur Sandra.

Rappelez-vous que si un manipulateur cherche à éviter de rendre des comptes ou à obtenir ce qu'il veut, il ne cherche pas à travailler avec des faits ou à rendre des comptes. Lorsqu'une personne adopte un raisonnement illogique, tenter de rester logique et de maintenir la conversation sur le sujet a généralement pour effet de l'agacer et de vous frustrer. En outre, si vous faites remarquer à un manipulateur qu'il est irrationnel, il peut prendre cela pour une attaque et devenir encore plus agressif ou violent.

Chapitre 10 :

Les différents niveaux de manipulation

L'apprentissage des méthodes courantes de manipulation apporte souvent les premiers rayons de lumière qui dissipent le brouillard de la confusion. Prendre conscience des différentes catégories de comportements manipulateurs et des diverses façons dont ils se manifestent permet de le dissiper encore davantage. Les comportements manipulateurs se répartissent généralement en trois grandes catégories : les comportements déroutants, les comportements destructeurs et les comportements dangereux.

Comportement déroutant

Un comportement déroutant est un comportement qui peut amener même la personne la plus calme à perdre son sang-froid et à se comporter d'une manière qu'elle n'a pas l'habitude de faire. Ce qui rend le comportement déroutant si rageant et épuisant, c'est qu'il est immature, illogique, irrationnel et qu'il ne change pas. Il n'y a rien que la personne visée puisse dire ou faire pour susciter une discussion mature, logique, rationnelle ou orientée vers des solutions. Le comportement déroutant implique souvent :

- Un renvoi continuel de la responsabilité, l'agresseur se transformant en victime.
- Un déni des faits (gaslighting)
- Un désengagement de la communication ou refus d'aborder le problème en question (obstruction).
- Une déviation du problème (généralement en se concentrant sur ce que d'autres personnes ou vous-même avez fait de mal)
- Des mensonges et des accusations scandaleuses
- Un sentiment injustifié de justice ou de colère de la part de l'auteur du comportement déroutant.

- Un manque de responsabilité
- Un niveau frustrant et exaspérant d'égoïsme, d'immaturité et d'indifférence cruelle
- Un comportement hypocrite. Toutes les attentes sont à sens unique. La personne attend de vous que vous la traitiez avec loyauté, honnêteté et respect, mais ne voit pas pourquoi elle devrait vous traiter ou traiter les autres de la même manière.

Comportement destructeur

J'utilise le terme « comportement destructeur » pour désigner un comportement qui détruit la relation, et non un comportement physiquement destructeur. Le comportement physiquement agressif est abordé dans la section suivante. Le comportement destructeur des relations implique l'immaturité et le manque de responsabilité que l'on retrouve dans la folie, mais aussi des abus de confiance importants. Voici quelques exemples de comportements destructeurs de relations:

- **Antécédents d'exploitation financière.** Par exemple, vol, mauvaise gestion intentionnelle des fonds du ménage, ouverture de cartes de crédit, factures de services publics ou endettement d'une autre personne à son insu ou sans son accord.
- **Antécédents d'actes dangereux sur le plan émotionnel, tels que :**
    - **Menacer de mettre fin à la relation en guise de punition.** Par exemple, une habitude de rompre ou de menacer de divorcer chaque fois que la personne n'obtient pas ce qu'elle veut. Le résultat est que la personne visée ne sait jamais à quel point la relation est stable, qu'elle avance avec légèreté pour ne pas provoquer de troubles et qu'elle se sent perpétuellement angoissée.
    - **Mettre fin à la relation de manière apparemment inattendue.** Il s'agit généralement d'une punition ou d'une tentative de tromperie visant à se déculpabiliser. Lorsque cela se produit, la cible ne découvre généralement que plus tard que son partenaire a eu des relations sexuelles avec quelqu'un d'autre, et une fois que cela est découvert, le manipulateur dira qu'ils avaient rompu à ce moment-là.

  - **Un comportement imprévisible permanent.** Par exemple, une personne agissant de manière suspecte, comme cacher son téléphone, donner des réponses vagues, se lier d'amitié avec des inconnus sexy sur les médias sociaux, disparaître pendant des heures et refuser de dire où elle est allée, ou fermer la porte à toute tentative de discussion sur son comportement inquiétant. Ce type de comportement crée une rupture de confiance, comme il se doit. Les personnes qui souhaitent sincèrement avoir une relation n'ont pas de comportement bizarre. S'il leur arrive de faire quelque chose qui pose problème à leur partenaire, elles sont prêtes à en discuter et à chercher une solution. Les cibles peuvent penser que, parce qu'elles n'ont pas de preuve concrète qu'il se passe quelque chose, si elles rompent pour cette raison, elles réagissent de manière excessive. C'est faux. Une relation épanouie exige de l'honnêteté, de la confiance, de la sécurité émotionnelle et une véritable intimité. Si l'un de ces éléments fait défaut, aucune relation profonde n'est possible.
  - **La tromperie.** Lorsqu'une personne trompe quelqu'un, toute confiance et tout lien sont détruits. Si une relation est possible après cela, c'est à la personne qui l'a trompée de faire le travail de réparation de la relation et de prouver qu'elle est digne de confiance. Cela prendra des années, voire des décennies.

- **L'habitude d'utiliser votre passé contre vous.** Par exemple, les choses profondément personnelles que vous lui avez dites sont utilisées contre vous lorsqu'il se met en colère (la colère n'est pas la même chose qu'une dispute entre deux personnes). Lorsque deux personnes se disputent dans une relation, la cause est plus légitime et les deux personnes sont en colère et contrariées. Les manipulateurs et leurs cibles ne se disputent pas souvent - c'est plutôt le manipulateur qui se met en colère, ou qui fabrique une colère comme excuse pour s'en prendre à sa cible ou la punir, et tout ce que la cible peut faire, c'est d'essayer de désamorcer la situation).
- **Comportement erratique et émotionnellement blessant.** Son comportement peut varier entre le chaud et le froid, comme s'il avait une personnalité de type Dr Jekyll et Mr Hyde. Lorsque le côté blessant de M. Hyde se manifeste, ses actions montrent qu'il n'a pas de bonnes intentions, et encore moins les vôtres, à l'esprit.

Comportement dangereux

Le comportement dangereux comprend souvent un comportement déroutant et une rupture de la relation ; cependant, en raison de l'intimidation et de l'agression, le comportement est maintenant à un niveau tout à fait nouveau et dangereux. Les personnes ayant un comportement dangereux ont souvent un tempérament vif, montent rapidement en puissance et ont l'habitude de réagir de manière agressive, violente, erratique ou impulsive lorsqu'elles veulent quelque chose, lorsqu'elles sont en désaccord ou contestées, lorsqu'elles n'obtiennent pas ce qu'elles veulent ou lorsqu'elles veulent punir la personne visée pour une injustice qu'elles ont perçue.

Ce type de comportement doit être pris au sérieux, qu'il s'agisse ou non d'un comportement normal pour ces personnes, ou que vous ayez connu pire de la part de quelqu'un d'autre.

Une personne qui ne voit aucun problème à son comportement agressif ou violent et qui ne respecte pas les droits d'autrui est dangereuse. Je n'insisterai jamais assez sur ce dernier point. Il est très fréquent que les personnes qui ont une personne agressive dans leur vie s'habituent tellement à des crises explosives que leur capacité à discerner quand elles sont en danger est faussée. Il en résulte qu'elles ne réalisent pas à quel point la situation est dangereuse et ne savent pas quand se mettre en sécurité. *C'est ce genre de dynamique qui aboutit souvent à un meurtre ou à un meurtre-suicide.*

Voici quelques exemples de comportements dangereux et mortels :

- Comportement agressif, violent, sadique ou mortel à l'égard des animaux, de vous-même ou d'autres personnes.
- Recours à la peur, à l'intimidation ou à la violence pour vous faire plier, souvent en menaçant de vous blesser ou de blesser vos proches.
- Des antécédents d'ordonnances restrictives ou de peines d'emprisonnement pour violence domestique, harcèlement ou crimes violents.
- Des antécédents qui témoignent d'un manque flagrant de remords, de respect ou d'empathie à l'égard d'autrui.
- Le mépris des règles, des lois, des injonctions ou des limites d'autrui.

- Un manque de responsabilité sincère ou de compréhension de son comportement.
- Une attitude d'ayant-droit. La personne ne voit pas d'inconvénient à vous traquer, vous blesser ou vous harceler, vous ou d'autres personnes.
- Comportement possessif, contrôlant ou jaloux. La personne peut avoir fait comprendre par ses actes ou ses paroles que vous lui appartiendrez toujours, ou qu'elle blessera ou tuera la personne avec qui vous sortez.
- Vous ne vous sentez pas en sécurité ou vous avez peur en sa présence. La personne vous a peut-être jeté un regard, ou vous avez l'impression qu'elle est « sombres », « mauvaise », « pas humaine ou capable de commettre un meurtre.

Les sentiments d'intimidation et de peur ne sont pas des émotions normales dans une relation. Ils constituent un signal d'alarme majeur qui doit vous inciter à prendre immédiatement des mesures de protection.

Partie 2 : Comprendre les crochets qui vous retiennent

Chapitre 11 :

Les 3 principaux moyens de manipulation

La manipulation, quelle qu'en soit l'issue, a tendance à se produire de trois manières principales : par des coups d'éclat, par le chaud et le froid, ou par la lenteur et la constance. Comprendre comment chacun de ces types de manipulation se manifeste peut vous aider à mieux percevoir ce comportement pour ce qu'il est.

Le hit-and-run (frappe et court)

Certains manipulateurs, tels que les intimidateurs, les pickpockets et les agresseurs émotionnels ou physiques, ont tendance à adopter une approche de type « hit-and-run ». Bien que chaque type de manipulation soit différent, le point commun est que cette approche implique un comportement soudain et déroutant. L'intimidateur utilise souvent cette approche pour faire quelques remarques bien placées qui vont droit au but, afin d'abattre efficacement sa cible, ou il devient agressif lorsqu'il se passe quelque chose qu'il n'aime pas. Les pickpockets et de nombreux escrocs à la recherche d'un moyen rapide d'obtenir de l'argent utilisent l'approche « hit-and-run ». Lorsqu'ils frappent, ils le font vite et fort, et laissent leur cible sous le choc de ce qui vient de se passer. Lorsqu'une personne émotionnellement ou physiquement violente utilise la méthode du délit de fuite, c'est soit parce qu'elle veut obtenir ce qu'elle veut, soit parce qu'elle se sent en droit de punir sa cible pour une transgression réelle ou imaginaire.

Voici quelques exemples de hit-and-run :

- Une femme est en vacances à l'étranger. Dans un café, un bel homme l'aborde. Il flirte avec elle pendant une demi-heure, puis lui dit qu'il doit partir. Peu après, elle va payer sa boisson et se rend compte qu'on lui a volé son argent et son passeport dans son sac à main.
- Un étudiant pose une question en classe et le professeur lui répond que sa question est stupide et qu'il s'agit d'une question infantile.

- Un pickpocket heurte une femme dans un train pour la distraire et lui voler sa montre.
- Une femme et son compagnon sont en train de dîner, lorsque ce dernier se dispute pour de petites choses. Quoi qu'elle dise, il déplace la discussion sur un autre sujet - comme s'il essayait de provoquer une bagarre, ce qui est le cas. Il rompt alors avec elle. Au cours de la semaine suivante, elle passe de nombreuses heures à se remémorer cette soirée, essayant de comprendre où les choses ont dérapé et pourquoi. Il la contacte le lundi suivant et redevient l'homme raisonnable qu'elle connaît. Plusieurs mois plus tard, elle apprend par un inconnu en ligne qu'il l'a trompée alors qu'ils avaient rompu. Elle le confronte, mais dans son esprit, il se justifie en disant qu'ils ne sortaient pas ensemble.

Le chaud et le froid

Il s'agit d'un cas où tout va bien à un moment donné et où les choses prennent soudain une tournure brutale. Cela est généralement dû au fait que la cible n'est pas d'accord avec le manipulateur ou qu'elle se comporte d'une manière que le manipulateur désapprouve. Si les choses prennent une tournure brutale sans crier gare, c'est peut-être parce que le manipulateur est sadique et qu'il prend plaisir à mettre la cible mal à l'aise, simplement parce qu'il est amusant de la voir se débattre.

De nombreuses relations abusives entrent dans la catégorie des relations chaudes et froides. Lorsqu'il s'agit de relations amoureuses, ces types de manipulateurs commencent par s'acharner sur l'objet de leur désir. Cependant, si l'objet de leur désir agit d'une manière que le manipulateur n'approuve pas, leur comportement devient rapidement froid ou cruel. Dans ce cas, la cible peut penser que si elle parvient à comprendre ce qui énerve le manipulateur, elle pourra maintenir la paix dans sa relation, mais elle se trompe lourdement. La limite de ce qui contrarie l'agresseur varie constamment en fonction de son humeur. Aucune de ces choses n'est prévisible. Ce qui le contrarie un jour ne le contrariera pas un autre jour, et le résultat est que la cible est continuellement incertaine et anxieuse sur la façon de se comporter sur de peur d'énerver involontairement l'agresseur.

Lenteur et régularité

Les manipulateurs lents et réguliers prennent leur temps pour établir des relations et sont souvent difficiles à identifier. Les manipulateurs qui agissent lentement et régulièrement sont ceux avec lesquels nous avons tendance à être en contact permanent dans notre vie - et ce sont ceux dont nous avons le plus de mal à nous libérer. Il se peut que nous ne soyons même pas conscients que ces personnes nous manipulent, car leurs tactiques peuvent être dissimulées sous une certaine inquiétude, ou leur comportement problématique dure depuis suffisamment longtemps pour que nous le considérions comme normal.

Lorsque l'approche lente et régulière est utilisée dans le but d'exploiter une cible pour obtenir de l'argent, on parle d' « arnaque ». Le terme « arnaque » est également très révélateur. Le terme anglais est « con » job, « con » étant l'abréviation de « confiance », que ces types de manipulateurs savent qu'ils doivent cultiver pour mieux exploiter la cible par la suite. Une fois la confiance établie, une limite est repoussée (une demande d'argent est faite), la confusion s'installe chez la cible, d'autres manipulations visant à rassurer la cible ont lieu, l'exploitation a lieu, la cible est vidée de ses fonds, puis jetée. Si une escroquerie de ce type se déroule sous le couvert d'une relation sérieuse, la cible se retrouve dévastée tant sur le plan émotionnel que financier.

Gardez à l'esprit que, comme il n'existe pas un seul type de manipulateur, il n'existe pas non plus un seul jeu. Celui-ci change constamment en fonction de ce que le manipulateur pense être le plus efficace pour sa cible.

Quelques exemples de l'approche lente et régulière :

Jane rencontre Thomas en ligne. Il lui dit qu'il est militaire et qu'il est actuellement déployé à l'étranger, mais qu'il reviendra dans quelques semaines. Jane ne le réalise peut-être pas, mais inconsciemment, elle fait plus confiance à Thomas qu'elle ne le pense, car les gens font généralement confiance aux militaires, aux policiers ou aux personnes qui les aident. Thomas est beau, charmant et prompt à faire d'elle son univers. Et comme Jane ne s'est pas sentie aussi aimée ou importante depuis très longtemps, elle fait rapidement de Thomas son monde à elle aussi. Bientôt, ils passent des heures et des heures chaque jour à se parler et à s'envoyer des SMS.

Au moment de rentrer aux États-Unis, Thomas affirme qu'il aimerait trouver un hôtel près d'elle afin qu'ils puissent passer la semaine suivante ensemble, ce que Jane accepte. Quelques jours plus tard, Thomas envoie un message à Jane pour lui dire que sa carte de crédit est bloquée et qu'il pense que c'est parce qu'il est resté si longtemps à l'étranger. Jane hésite à virer des fonds à Thomas car elle a entendu parler d'escrocs en ligne, mais elle est également impatiente de rencontrer Thomas et de passer du temps ensemble. Thomas promet de la rembourser dès qu'il sera en ville, ce qu'elle croit puisqu'il est militaire, qu'il semble charmant et sincère, et qu'elle a l'impression d'être dans une relation sérieuse avec lui. Elle lui fait un virement de 5 000 dollars, car, dans son esprit, elle ne donne pas d'argent à un étranger qu'elle n'a jamais rencontré, mais à un homme qu'elle considère comme l'amour de sa vie et son futur mari.

Au cours des semaines suivantes, Thomas lui envoie des messages dans lesquels il explique, excuse après excuse, pourquoi il a raté l'avion et pourquoi il a besoin de plus d'argent. Jane lui « prête » au total plus de 40 000 dollars avant que Thomas ne cesse de répondre à ses messages. Lorsqu'elle lui dit qu'elle n'a plus d'argent à lui prêter, Thomas cesse de lui envoyer des messages. La réalité s'impose à Jane, qui réalise qu'elle a été victime d'une escroquerie.

Voici une autre variante courante de l'approche lente et réguière et la façon dont elle peut ouvrir la voie à des problèmes relationnels plus tard dans la vie :

Jackie a été élevée dans un foyer avec une mère difficile, exigeante et autoritaire et un père non-conflictuel et évitant. Sa mère n'avait aucun respect pour le temps, l'énergie, les émotions ou les limites des autres, mais elle s'attendait à ce que les autres soient là pour elle de manière inconditionnelle et sans poser de questions. Si quelqu'un la mettait au défi, la questionnait ou osait lui dire « non », elle entrait dans une rage folle, l'accusant souvent d'être égoïste. Jackie a appris très tôt que l'amour de sa mère était conditionnel et qu'elle devait essayer de le mériter.

Il a fallu des années de thérapie à Jackie pour qu'elle réalise à quel point sa dynamique avec sa mère s'était répercutée sur d'autres relations de sa vie, lui laissant de nombreuses amitiés et relations blessantes ou ratées. Jackie s'est rendu compte qu'elle ne savait pas comment donner ou recevoir de l'amour de manière saine. Elle pensait toujours que le fait de se faire crier dessus ou de se faire contrôler était la preuve que quelqu'un se souciait d'elle. Si quelqu'un se montrait gentil et aimant, elle avait l'impression que ce n'était pas sincère. Jackie ne se sentait à l'aise que dans des dynamiques où elle devait essayer de gagner l'amour de quelqu'un - ce qui, bien sûr, n'arrivait jamais et ne faisait qu'accroître sa douleur.

Phrases courantes de la lenteur et de la régularité :

- *Personne ne me comprend comme toi.*
- *J'ai tant fait pour toi, je ne peux pas croire que tu sois si égoïste.*
- *J'ai besoin de toi.*
- *Un véritable ami me prêterait de l'argent.*
- *La famille, c'est pour toujours. Je ne peux pas croire que tu as coupé le contact avec moi.*
- *Vous n'êtes pas parfait non plus ; qui êtes-vous pour juger ?*

Les points communs entre ces différentes approches sont qu'elles s'accompagnent toutes trois de confusion et d'une accroche, que celle-ci soit ou non perçue pour ce qu'elle est. Si les tactiques, le résultat souhaité et le niveau de conscience de soi du manipulateur sont tous différents, la force motrice est la même : le contrôle de la cible et le désir de gagner à tout prix.

CHAPITRE 12 :

Signes de manipulation

Si vous avez du mal à déterminer si vous êtes manipulé ou non, nous espérons que ce chapitre contribuera à dissiper toute confusion persistante.

Le manipulateur peut :

- Menacer ou laisser entendre qu'il vous rendra la vie difficile si vous ne faites pas ce qu'il veut.
- Menacer constamment de mettre fin à la relation si vous vous affirmez, si vous n'êtes pas d'accord avec lui, si vous fixez une limite ou si vous ne vous pliez pas à ses exigences.
- En redemander, quelle que soit la quantité que vous donnez, et agir comme si vous étiez égoïste ou inconsidéré si vous disiez non.
- Supposer et s'attendre à ce que vous cédiez et vous qualifie d'égoïste, de mauvais, d'avide, d'insensible, de manipulateur, d'abusif ou d'insensible lorsque vous ne le faites pas.
- Ignorer ou négliger régulièrement vos sentiments et vos désirs.
- Faire des promesses mirobolantes en fonction de votre comportement et les tenir rarement.
- Vous inonder de compliments ou de fausses promesses lorsque vous leur donnez raison et vous les retirer lorsque vous ne le faites pas.
- Utiliser l'argent, la peur, l'amour, le sexe, la culpabilité ou l'obligation comme une arme pour arriver à ses fins.
- Ne voir aucun problème à injurier, crier, tromper, mentir, ne pas vous rembourser, etc., mais être scandalisé si vous leur faisiez la même chose.
- Ne pas respecter vos limites, mais insister pour que vous respectiez les siennes.

Signes d'une relation avec une personne manipulatrice :

Ce que je décris ci-dessous concerne principalement une relation amoureuse ; cependant, une certaine version de cette dynamique est commune à tous les manipulateurs.

- Vous ne pouvez pas savoir si cette personne est merveilleuse ou si elle est un véritable cauchemar.
- Vous ne voulez pas être en désaccord avec elle ou l'affronter, de peur qu'elle ne fasse de votre vie un enfer d'une manière ou d'une autre.
- Votre relation avec elle peut rapidement passer de bonne à confuse et compliquée, sans que vous sachiez pourquoi.
- Vous avez périodiquement l'impression qu'elle s'en prend à vous ou qu'elle vous provoque, comme si elle essayait de vous insulter ou de déclencher une bagarre.
- Vous n'arrivez pas à avoir une conversation facile ou agréable avec elle de manière régulière. Elle semble continuellement mal comprendre ce que vous dites. Avec n'importe qui d'autre dans votre vie, ce genre de confusion pourrait facilement être dissipé par une brève conversation, et vous n'arrivez pas à comprendre pourquoi ce n'est pas le cas avec elle.
- Vous remarquez des changements de personnalité en vous.
- Vous vous méfiez de ses intentions et de son comportement, et vous vous demandez si elle est honnête avec vous.
- Elle fait des commentaires subtils sous couvert d'inquiétude et pense que si vous avez un problème avec elle, c'est parce que vous êtes jaloux, paranoïaque, peu sûr de vous ou que vous perdez la tête... et que vous avez besoin d'aide.
- Vous n'avez pas ce genre de dynamique compliquée avec les autres.
- Elle vous dit que vous avez des traits de caractère que personne (sauf d'autres personnes problématiques que vous avez rencontrées) ne vous a jamais reprochés auparavant, tels que le contrôle, l'égoïsme, la grossièreté, l'impatience, la jalousie, le besoin, la difficulté, le narcissisme ou l'abus. Ce qui est déroutant, c'est que vous estimez que ces traits décrivent mieux son comportement que le vôtre.

- Elle vous accuse de lui mentir, de le tromper ou de le voler alors que ce n'est pas le cas.
- Vous espérez que si vous parvenez à la satisfaire suffisamment, vous finirez par gagner son respect, son amour ou même un traitement décent.
- Vous vous sentez abattu et avez l'impression que cette relation vous a vraiment fait vieillir.
- Vous vous sentez vaincu. Rien de ce que vous faites n'est jamais assez bien, et elle souligne continuellement quelque chose d'autre à votre sujet qui n'est pas « bien ».
- Vous êtes gêné ou honteux de la façon dont elle vous traite et vous avez omis des détails importants tels que la violence verbale ou physique lorsque vous parlez à vos amis, à votre famille ou à votre thérapeute des problèmes que vous rencontrez dans votre relation.
- Vous justifiez les mauvais traitements qu'elle vous inflige, mais vous estimez que la goutte d'eau qui fait déborder le vase serait qu'elle commence à traiter vos enfants de la même manière.
- On ne veut pas partir, parce que quand ça va bien, ça va vraiment bien.
- Vous faites des choses contraires à votre morale ou à vos valeurs pour la satisfaire.
- Son comportement ne change jamais vraiment ; elle devient simplement plus habile à cacher ce qu'elle fait.
- Elle fait en sorte que ses problèmes de mensonge, de tricherie, de vol ou d'abus soient en quelque sorte de votre faute, et vous commencez donc à travailler plus dur pour réparer cette relation.
- Vous êtes frustré de ne pas pouvoir lui faire comprendre que son comportement pose problème et vous vous demandez souvent ce qu'il faudrait faire.
- Vous ne faites pas confiance à votre propre perception des événements et vous commencez à vous tourner vers d'autres personnes (généralement le manipulateur) pour qu'elles vous disent ce qui est ou n'est pas un problème.
- Vous craignez que les problèmes relationnels soient de votre faute et que vous ayez, sans le savoir, saboté ce qui aurait pu être une relation merveilleuse.

- Vous craignez qu'elle vive heureuse avec quelqu'un d'autre, même si elle a été horrible avec vous. Si vous voyez des photos d'elle sur les réseaux sociaux avec un nouvel amour, vous y voyez la preuve que vous étiez en fait le problème et que quelqu'un d'autre va vivre votre vie de rêve avec elle.

En raison de la confusion qui règne et des rationalisations permanentes, il peut être pratiquement impossible de voir une relation manipulatrice pour ce qu'elle est pendant qu'elle se déroule. Soyons clairs : chacun des points énumérés ci-dessus est un problème. Aucun de ces comportements ne se retrouve dans une relation saine.

CHAPITRE 13 :

Comprendre les liens traumatiques

L'un des aspects les plus déroutants et les plus frustrants des manipulateurs est de savoir comment et pourquoi ils semblent avoir une telle emprise sur leurs cibles. Les membres d'une secte suivent leur chef jusqu'au bout, les travailleurs du sexe défendent leurs proxénètes et les partenaires de personnes violentes reviennent toujours en arrière. Pourquoi en est-il ainsi ? De multiples facteurs entrent en jeu et contribuent à faire en sorte que les victimes se sentent si dépendantes de leur manipulateur et qu'elles en deviennent accro. Ces liens traumatiques sont le résultat de sept composantes psychologiques et comportementales différentes : le renforcement intermittent, le renforcement positif, le renforcement négatif, le grooming, la persistance, le future faking et le syndrome de Stockholm.

Le lien traumatique

Le lien traumatique est un terme qui fait référence à l'attachement émotionnel fort ou au lien d'une personne maltraitée à son agresseur. Ces liens sont forgés par les hauts et les bas émotionnels des situations anxiogènes. Les manipulateurs créent des tensions lorsqu'ils veulent arriver à leurs fins, pour s'amuser ou pour punir leur cible. Tout petit acte de gentillesse perçu par le manipulateur est un soulagement et indique que tout ira bien.

Comme les personnes violentes ne sont généralement pas ouvertement ou extrêmement violentes tout le temps, la cible s'accroche aux bons moments comme preuve que tout va bien se passer. L'une des façons dont la victime tente de faire face à l'angoisse mentale que lui cause le mauvais comportement de son partenaire est de penser non plus à « moi » mais à « nous ». De cette façon, le stress (abus) dans la dynamique n'est pas quelque chose qui lui arrive à elle seule. Il s'agit plutôt d'une expérience commune à laquelle ils survivent ensemble. La personne cible a l'impression qu'elle et la personne violente « traversent tant de choses ensemble », *au lieu de considérer qu'elle subit tant de choses de la part de cette personne.*

Ce nouvel état d'esprit est souvent alimenté par le manipulateur, qui peut prétendre que le fait de « traverser tant d'épreuves » ensemble est la raison d'être de l'engagement, et que cela rend la relation plus forte. Bien entendu, cette attente et cette compréhension ne représentent que la façon dont l'agresseur perçoit son comportement. Si la personne visée devait traiter l'agresseur de la même manière, elle serait partie. En raison de l'incapacité de l'agresseur à se voir autrement que comme quelqu'un de bien, si la personne cible veut partir, l'agresseur est outré et s'exclame que c'est la personne cible qui ne s'investit pas dans la relation. Peu importe que la cible parte parce que c'est le manipulateur qui a eu le comportement le plus destructeur pour la relation.

Si la cible accepte la manipulation, un lien plus profond et plus dysfonctionnel est créé, car il y a maintenant trois personnes dans la relation : le côté M. Hyde de l'agresseur, la cible et le côté Dr Jekyll de l'agresseur. Le problème est qu'il n'y a pas vraiment de troisième personne ; la personne violente et les deux aspects de son comportement ne font qu'un. Si la personne visée ne se rend pas compte qu'elle est dans une relation abusive, elle peut se donner beaucoup de mal pour apaiser l'agresseur afin de maintenir la relation. La raison en est que la cible se sent dépendante de l'agresseur et qu'elle veut désespérément que cette relation fonctionne. Elle pense que si l'agresseur est celui qui cause la douleur, il est le seul à pouvoir la faire disparaître. Ainsi, alors que cette relation les détruit, elle ne peut imaginer vivre sans elle. Ce qui est triste, c'est que beaucoup d'entre nous ont confondu ces envies intenses ou ce besoin désordonné avec l'amour. Ce n'est pas le cas. *Ils sont le résultat de liens traumatiques.* L'amour ne blesse pas, ne détruit pas et n'exige pas que l'on sacrifie sa dignité ou son amour-propre pour l'obtenir.

Lorsque la personne visée commence à confondre l'abus avec l'amour, elle est entraînée dans des montagnes russes émotionnelles qui la mènent en enfer. Les périodes creuses sont marquées par le stress et la peur que leur partenaire leur fasse du mal ou les quitte. Le stress et la peur entraînent la libération de cortisol et des substances chimiques qui composent l'adrénaline (norépinéphrine et épinéphrine). Il en résulte des sentiments chroniques d'anxiété, qui conduisent à des sentiments de désespoir pour faire fonctionner les choses, et à un besoin déséquilibré. Ces sentiments sont désactivés ou calmés lorsque la pression est relâchée et que les choses reviennent à un certain niveau de normalité. Lorsque la personne visée est rassurée sur la poursuite de la relation, elle ressent une poussée de dopamine, une substance chimique qui procure un sentiment de bien-être, et d'ocytocine, une substance chimique qui facilite à la fois l'attachement et la création de liens.

Ces hauts et ces bas extrêmes, associés aux éventuels problèmes d'abandon de la cible, créent des besoins et une dépendance extrêmes. Lorsque la relation de manipulation prend fin, la cible peut se sentir dépendante de cette personne abusive et se demander ce qui ne va pas chez elle pour qu'elle continue à lui manquer ou à l' « aimer ». En outre, toute relation que la personne cible entretient par la suite et qui n'est pas marquée par des hauts et des bas peut lui sembler insensible ou plate. Si la victime ne sait pas qu'elle a été maltraitée (ce qui est souvent le cas si elle n'a pas été battue à plusieurs reprises), elle peut se demander si la fin de la relation est de sa faute ou si elle a perdu l'âme sœur. Elles peuvent aussi craindre de ne plus jamais ressentir ce genre de choses pour quelqu'un d'autre. En raison de l'intensité des liens traumatiques, la cible peut également mettre fin à cette relation, mais à son insu, elle peut être prédisposée à la maltraitance si elle confond toujours ces sentiments intenses et angoissants avec l'amour et si elle est attirée par de nouvelles relations qui lui procurent les mêmes sensations.

Renforcement intermittent

Il y a deux façons principales de modeler le comportement : par le renforcement continu ou par le renforcement intermittent. On parle de renforcement continu lorsqu'un comportement est renforcé, c'est-à-dire récompensé ou puni, de manière continue ou prévisible. Par exemple, si vous apprenez à un jeune enfant à aller aux toilettes et que vous le félicitez chaque fois qu'il utilise les toilettes, l'enfant apprend à associer le fait d'aller aux toilettes à une bonne chose et à la joie de sa mère ou de son père. Vous façonnez le comportement de l'enfant en renforçant continuellement l'idée que l'utilisation des toilettes est une bonne chose. Lorsque les attentes et les résultats sont clairement compris, nous savons ce que l'on attend de nous. Ce niveau de prévisibilité procure un sentiment de sécurité et de confort à ceux qui en bénéficient.

Le renforcement intermittent consiste à récompenser ou à punir un comportement de manière irrégulière. Reprenons l'exemple de l'apprentissage de la propreté par un enfant. Si vous agissez de manière imprévisible, par exemple en félicitant votre enfant certaines fois qu'il utilise les toilettes et en l'ignorant complètement d'autres fois, ou si vous lui criez de se dépêcher, l'enfant aura du mal à se connecter à ce qu'il doit faire pour obtenir votre approbation et éviter les ennuis.

Le résultat d'une récompense et d'une punition imprévisibles, ou d'un comportement renforcé de manière intermittente, est l'anxiété, la dépression et des sentiments de désespoir et d'impuissance, parce que leurs actions peuvent ou non les mener au résultat souhaité. Lorsqu'une personne voit son comportement renforcé de manière intermittente, elle redouble souvent d'efforts pour apaiser l'autre personne afin de faire cesser la tension, la présence glaciale, l'ignorance ou les mauvais traitements. Toutefois, si cela ne fonctionne pas, la cible a tendance à abandonner et peut devenir silencieuse et renfermée en présence de la personne qui est impossible à satisfaire.

Par exemple, disons que Chloé a une mère autoritaire et critique. Pour éviter d'être rabaissée ou réprimandée, Chloé fait toujours en sorte d'avoir l'air et d'agir d'une manière que sa mère approuverait. Cependant, il n'y a jamais eu de garantie. Un jour, sa mère approuvait sa tenue ou ses amis, mais une semaine plus tard, elle ne l'approuvait plus. Le comportement imprévisible de sa mère a fait naître chez Chloé un sentiment permanent d'anxiété et d'insécurité en général, mais surtout en présence de sa mère.

Le fait de recevoir un renforcement intermittent n'est pas seulement frustrant, c'est aussi une atteinte à l'individualité et à la santé émotionnelle d'une personne. *En outre, il peut également créer une dépendance chez la personne qui tente d'obtenir le résultat souhaité.* La raison de cette réponse addictive est qu'il y a une poussée d'une hormone de bien-être appelée dopamine qui vient de la réalisation de la récompense. Cette poussée de dopamine ne se retrouve pas dans le renforcement continu, car tout est prévisible. Lorsque nous consacrons beaucoup de temps et d'efforts à quelque chose et que nous échouons à plusieurs reprises, la réussite est d'autant plus gratifiante. Il en va de même lorsqu'il s'agit de plaire à un partenaire difficile. Le stress engendré par les hauts et les bas émotionnels peut rendre le soulagement des hauts et des bas addictif. Dans certaines situations, le fait de voir notre travail récompensé peut être bénéfique, mais lorsqu'il s'agit d'essayer de plaire à une personne au comportement difficile, exigeant et erratique, cela peut conduire à toutes sortes de problèmes.

Lorsque des relations toxiques de ce type prennent fin, l'ancienne cible a souvent l'impression que son alchimie avec les autres est « plate » ou complètement absente. En effet, les relations saines sont prévisibles et ne sont pas des montagnes russes émotionnelles pleines d'intensité ou de travail acharné pour mériter d'être traité avec gentillesse.

Si une personne a grandi dans un foyer où l'attention et l'affection n'étaient pas données de manière prévisible, le fait de devoir les mériter de la part d'un partenaire plus tard dans la vie peut ne pas lui sembler problématique. En fait, elle peut se sentir à l'aise et toute relation où l'amour, le respect et les bons traitements sont donnés librement peut sembler inauthentique ou source d'anxiété, car si elle ne l'a pas mérité, cela signifie aussi qu'elle peut facilement le perdre.

Renforcement positif

Le renforcement positif est un type de renforcement continu : lorsqu'une personne agit d'une manière souhaitée, ce comportement est récompensé positivement de manière régulière. Par exemple, un patron qui remarque que ses employés font du bon travail et leur fait savoir à quel point ils sont appréciés.

Cependant, le renforcement positif peut être l'un des nombreux outils utilisés par un manipulateur pour récompenser sa cible de manière positive pour sa soumission. Par exemple, le manipulateur peut couvrir la cible d'attention et d'affection pour qu'elle fasse les choses à sa manière. La cible apprend que si elle cède, elle évitera d'être maltraitée ou recevra quelques miettes de gentillesse.

Renforcement négatif

Le renforcement négatif est l'autre type de renforcement continu, car il fournit une punition fiable pour un comportement jugé problématique. Dans le cas de la maltraitance, le renforcement négatif peut prendre la forme de harcèlements, de cris, d'humiliations, d'un traitement silencieux ou de menaces si la personne visée ne se comporte pas d'une certaine manière.

Les personnes renforcées de cette manière ont tendance à se mettre en colère, à éprouver du ressentiment, à s'effondrer, à perdre le pouvoir, à développer une faible estime de soi et à avoir peur d'essayer de nouvelles choses ou de nouvelles approches d'un problème. Lorsqu'une personne intériorise ses erreurs et pense qu'elle est incompétente ou incapable, ou qu'elle est continuellement incapable de satisfaire ses besoins, quels que soient ses efforts, elle développe ce que l'on appelle une « impuissance apprise ». Elles a l'impression de ne rien pouvoir faire de bien et de n'avoir aucun contrôle sur le changement, alors elle cesse d'essayer. Elle a tendance à intérioriser leurs erreurs et à se considérer comme profondément imparfaite au lieu de voir une erreur pour ce qu'elle est. Ou, si elle a côtoyé un manipulateur assez longtemps, elle peut se considérer comme mauvaise, erronée et profondément imparfaite, sans se rendre compte qu'il ne s'agit là que de la vision pathologique que le manipulateur a d'elle et que ce n'est pas la réalité. C'est souvent le cas des enfants qui grandissent en étant la cible d'abus.

Grooming

Le grooming consiste pour les manipulateurs à façonner ou « toiletter » le comportement de leur cible pour qu'il corresponde à ce qu'ils souhaitent. Ce grooming peut se faire par des actes de gentillesse ou des menaces de punition. Les actions du manipulateur peuvent être effectuées en utilisant un renforcement intermittent, continu, positif ou négatif, ou le grooming peut avoir des conséquences graves et ponctuelles. Par exemple, de nombreux prédateurs d'enfants préparent leurs cibles en leur offrant des cadeaux, de l'attention et un traitement spécial qui donne à l'enfant l'impression que le prédateur est un ami. En cas de conséquences graves et ponctuelles, la cible apprend rapidement, souvent en un seul incident, à ne plus jamais refaire ce qu'elle a fait. Par exemple, la cible peut avoir porté du rouge à lèvres et le manipulateur a commencé à l'accuser de s'être maquillée parce qu'elle le trompait. Afin de rassurer son partenaire, la cible peut cesser de porter du rouge à lèvres. Le grooming peut être pratiqué de manière ouverte, cachée, passive-agressive ou agressive, le message implicite allant de « Agis comme ça où je te retire mon attention ou mon affection » à « Agis comme ça ou tu auras des ennuis » .

Persistance

De nombreuses cibles des manipulateurs, ainsi que leur entourage, confondent leur persistance avec la sincérité. Après tout, la plupart des gens ne se donnent pas beaucoup de mal pour reconquérir leur partenaire ou faire fonctionner leur mariage s'ils ne le pensent pas vraiment. En revanche, les manipulateurs le feront. Ne vous y trompez pas : la persistance n'est pas toujours synonyme de sincérité. Si quelqu'un essaie de vous culpabiliser pour que vous lui pardonniez ou ne vous laisse pas tranquille alors que vous le lui avez demandé, il s'agit d'un comportement de contrôle qui témoigne d'un manque de respect pour vos limites.

Future faking

Le future faking consiste à faire miroiter à la cible le prix ultime (l'hameçon) qu'elle désire. Le manipulateur peut parler de se marier, d'avoir un bébé, de devenir sobre, de suivre une thérapie, de faire tout ce qu'il faut pour que la relation fonctionne ou, s'il s'agit d'un employeur, d'accorder une augmentation ou une promotion.

Le future faking alimente un fantasme en parlant de l'avenir idéal de la cible. Par la suite, lorsque les montagnes russes émotionnelles commencent, le manipulateur peut promettre de changer, montrer des signes de remords et évoquer l'avenir idéal de la cible pour la persuader de lui donner une nouvelle chance. Comme le manipulateur dit ce que la cible a besoin d'entendre, ces paroles (ou actions de courte durée) sont souvent confondues avec le fait que la relation a pris un tournant positif et s'est remise sur les rails. La simulation de l'avenir ne conduit pas seulement à la déception, mais aussi à des dommages psychologiques et émotionnels profonds. En effet, le manipulateur rejette souvent une partie de la responsabilité de son mauvais comportement sur la personne visée. Le résultat est que la personne visée fait des heures supplémentaires pour régler des problèmes dans la relation qui n'étaient pas les siens au départ. Tout le travail de la cible consiste à essayer d'être un meilleur communicateur, un meilleur conjoint, un meilleur partenaire et, d'une manière ou d'une autre, un problème moins important. Le résultat est qu'elle est devenue plus soumise, qu'elle a assumé des niveaux de responsabilité inappropriés pour le comportement de son partenaire et qu'elle a fait taire encore plus de parties d'elle-même, tout cela pour que la relation puisse fonctionner.

Cependant, tout comme la poursuite d'un mirage dans le désert, l'avenir idéal n'arrive jamais. Au lieu de cela, les cibles s'épuisent et n'obtiennent que davantage d'abus en retour. Il faut souvent des années pour qu'une cible arrive à un point où elle est tellement épuisée et frustrée par le fait que rien ne change, qu'elle commence à voir ce simulacre d'avenir comme le discours creux qu'il est. C'est alors que s'installent les sentiments de culpabilité, de honte, d'embarras et de rage de ne pas avoir vu les choses clairement.

Syndrome de Stockholm

Le terme psychologique « syndrome de Stockholm » a été inventé par le criminologue et psychiatre Nils Bejerot en 1973 après avoir aidé la police lors d'un braquage de banque à Stockholm, Suède, où quatre employés (trois femmes et un homme) ont été retenus en otage pendant six jours.

Au cours de leur captivité, les otages ont développé un fort attachement émotionnel à leurs ravisseurs, qui, selon eux, leur avaient témoigné de la gentillesse au cours de leur captivité. Ces petits actes de gentillesse semblaient annuler le fait que leur vie avait été menacée. Plusieurs mois après leur libération, on a découvert que certains otages continuaient à voir leurs ravisseurs d'un œil positif. Une femme a même invité ses ravisseurs à dîner une fois qu'ils ont été libérés.

Les psychologues voulaient savoir si l'incident de la banque de Stockholm était un cas unique ou s'il était plus courant qu'on ne le pensait à l'origine. Depuis, des études ont révélé que les personnes victimes d'abus formaient des liens traumatiques avec leur agresseur à la suite de diverses situations de stress et d'abus. Ces liens sont renforcés par le mélange de tension et de soulagement qui accompagne le renforcement intermittent.

Comprendre ce qui fait que vous vous accrochez

Une fois que vous avez identifié clairement le crochet qui vous retient, vous pouvez travailler à l'élaboration d'un plan. Même si vous n'êtes pas prêt à le faire, le fait de savoir ce qui vous pousse à vous accrocher peut vous aider à voir plus clairement vos pensées et vos réactions. Comprendre ce qui vous pousse à vous accrocher peut être très instructif et peut parfois être la clarté qui libère une personne. Cependant, il est important de comprendre qu'un changement, quel qu'il soit, est toujours difficile, quel que soit le besoin ou le degré de préparation.

En plus des liens traumatiques éventuellement présents, prenez le temps d'examiner quels sont les autres liens émotionnels qui vous font participer à cette dynamique. Pour commencer à y voir plus clair, posez-vous les questions suivantes :

- Restez-vous dans cette dynamique parce que vous vous sentez seul(e) ou intimidé(e) par l'idée d'être seul(e) ?

- Gardez-vous cette personne dans votre vie parce qu'elle fait partie de votre famille et que vous vous sentez obligé de maintenir un contact régulier ou de continuer à essayer de faire fonctionner la relation ?
- Gardez-vous l'espoir que si vous continuez à rester dans les parages, vous finirez par obtenir ce que la personne vous a promis ? (Par exemple, une promotion, le mariage, la sobriété, etc.)
- Avez-vous donné de l'argent en espérant qu'en étant gentil, vous finirez par être remboursé ?
- Pensez-vous que les choses vont changer si vous continuez à essayer de les atteindre... même si vous essayez depuis des mois, des années ou des décennies ?
- Craignez-vous que si vous partez, la personne trouvera quelqu'un d'autre, et que cette nouvelle personne récoltera tous les bénéfices de vos tentatives de changement ?
- Êtes-vous intimidé à l'idée de confronter la personne et de penser que cela ne fera qu'empirer les choses ?
- Craignez-vous de la blesser émotionnellement en la confrontant ?
- Avez-vous peur de lâcher prise et de la tristesse et de la perte émotionnelle ou financière potentielle qui en découlent ?
- Êtes-vous prêt à lâcher prise, mais ne savez pas comment y mettre fin ?
- Vous avez déjà subi de nombreuses pertes dans votre vie et vous ne voulez pas en subir d'autres ?

L'un des changements les plus importants que vous aurez à opérer consistera à abandonner le fantasme alimenté par l'espoir qu'un jour vous aurez une relation épanouissante avec cette personne, alors qu'aucune de ses actions n'indique que c'est possible. Il peut être extrêmement difficile de voir ce fantasme pour ce qu'il est, et cela implique souvent de faire le deuil de la relation que vous pensiez avoir ou de la relation que vous pensiez possible... mais l'abandon de ce fantasme est le début de votre libération.

Chapitre 14 :

La progression de la manipulation

La manipulation est progressive, corrosive et constitue le signe avant-coureur d'abus verbaux, émotionnels, psychologiques, sexuels, financiers ou spirituels plus graves à venir. La manipulation, comme le cancer, peut être difficile à déceler aux premiers stades. En outre, dans les deux cas, les symptômes progressent si l'on sait ce que l'on cherche. La progression de la manipulation peut être divisée en dix étapes différentes. Comme chaque manipulateur et chaque dynamique sont différents, l'ordre, le degré et la fréquence de ces stades varient.

Les dix étapes sont les suivantes

1. La confiance est établie.
2. Un lien affectif est établi.
3. La cible voit ses limites repoussées.
4. La cible est désorientée.
5. Un hameçon émotionnel est lâché.
6. La cible résiste.
7. Le manipulateur exerce une pression.
8. La cible est menacée.
9. La cible obtempère.
10. La dynamique s'aggrave ou prend fin.

Voici ces étapes plus en détail :

1. Un certain degré de confiance est établi. Pour que la confiance soit établie, un certain degré de confiance doit être présent. Les maîtres manipulateurs font un excellent travail pour établir rapidement la confiance en disant tout ce qu'il faut et même en soutenant ce qu'ils disent par toutes les actions qui conviennent.

Parce qu'ils sont capables de jouer le rôle suffisamment longtemps pour que la confiance de la cible s'approfondisse, les cibles sont promptes à ignorer les signaux d'alarme lorsqu'ils commencent à se manifester. La capacité d'un manipulateur à établir et à exploiter une autre personne est la raison pour laquelle on le qualifie d'escroc, qui est le terme abrégé pour artiste de la confiance. Plus la confiance est établie, plus la manipulation est préjudiciable et durable. De nombreux escrocs, prédateurs d'enfants et trafiquants d'êtres humains s'appuient fortement sur le fait de cultiver la confiance, tant avec leur cible qu'avec leur entourage.

2. Un lien émotionnel est établi. Les liens émotionnels sont renforcés par le temps que la cible passe avec le manipulateur, que ce soit en personne ou en ligne. Ces liens sont souvent cultivés par l'échange d'expériences personnelles, le fait de passer beaucoup de temps ensemble, l'intimité sexuelle ou le fait que le manipulateur rassure continuellement la cible sur le fait qu'elle peut lui faire confiance et qu'elle doit lui faire part de tous ses espoirs et de toutes ses craintes.

3. La cible est poussée dans ses retranchements. Les manipulateurs repoussent les limites pour obtenir ce qu'ils veulent ou simplement parce qu'ils se sentent autorisés à maltraiter les autres. Une pression sur les limites est une sorte de demande ou d'action qui pose problème à la personne visée. Si les autres ne savent pas où se situent nos limites à moins que nous ne les fassions connaître, les pressions exercées par un manipulateur sont souvent inappropriées et franchissent une ligne que tout adulte raisonnable saurait ne pas franchir.

C'est là que la grande majorité des cibles se font piéger, en particulier celles qui ont déjà vécu une relation violente. *Si vous avez du mal à identifier quand on vous traite d'une manière qui vous déplaît ou quand quelqu'un a franchi vos limites, c'est un problème qu'il faut régler. Il est très difficile de maintenir la ligne de démarcation si vous ne savez pas où elle se trouve.*

Si la cible cède à la pression des limites, le manipulateur a maintenant établi le rythme et ces pressions deviendront de plus en plus fréquentes et de plus en plus sévères. Plus cela durera, moins vos désirs, vos besoins, vos pensées et vos opinions seront prioritaires, jusqu'à ce qu'il ne reste plus rien de vous. Même si les premières limites ne sont pas très importantes, si elles ne sont pas prises en compte, elles deviendront de plus en plus importantes au fur et à mesure que le manipulateur s'enhardira.

Voici quelques exemples de limites souvent repoussées à un stade précoce :

- Vous appeler par des surnoms affectueux alors que vous venez de rencontrer la personne
- Parler de sexe ou vous demander des photos sexy alors que vous connaissez à peine la personne.
- Faire des demandes inappropriées, comme vouloir emprunter de l'argent, emménager, emprunter votre voiture, etc.
- Vous injurier ou vous crier dessus
- Comportement intimidant de quelque nature que ce soit (menaces, allusions à des menaces, lancer, frapper ou casser des objets)
- Vouloir vous parler ou vous toucher plus que vous ne le souhaitez

4. La cible éprouve un certain degré de confusion. De tous les signes ressentis, la confusion est celui qui est le plus significatif si nous pouvons le prendre au sérieux comme le signe d'alerte majeur qu'il est. *La confusion est souvent le premier signe d'un problème.* Lorsqu'une personne est manipulée par quelqu'un avec qui elle est en relation, elle éprouve de la confusion et la rationalise. *La raison en est qu'elle a un comportement problématique, mais qu'elle aimerait ne pas en avoir.* Plus la relation est profonde, plus le déni est profond.

Par exemple, nous pouvons ressentir un éclair de confusion lorsque notre partenaire est trop secret avec son téléphone et les personnes à qui il envoie des messages, si quelqu'un marche plus vite que d'habitude derrière nous lorsque nous sommes dans un parking ou si notre patron nous fait une demande inappropriée. N'importe lequel de ces scénarios a tendance à susciter un « hein, c'est bizarre ». Cependant, ce sont les situations dans lesquelles nous nous investissons qui nous posent le plus de problèmes pour y voir clair et agir. Il peut être difficile d'aborder les problèmes au travail ou à la maison lorsque cela risque de compromettre notre emploi ou notre relation.

5. Une accroche émotionnelle est abandonnée. Les accroches émotionnelles se présentent sous différentes formes, bien que la plupart d'entre elles impliquent la peur, l'obligation, la culpabilité, la sympathie, l'espoir ou l'amour, et les accroches les plus efficaces sont dirigées vers les vulnérabilités d'une cible. Ces accroches peuvent être plus concrètes et positives, comme une promotion, une promesse de se marier, de devenir sobre ou de cesser d'être violent. L'accroche peut aussi susciter la sympathie, comme c'est souvent le cas dans diverses escroqueries sur internet, où les manipulateurs prétendent être malades, suicidaires ou sans défense sans vous.

Si l'accroche est émotionnelle, elle peut faire appel au manque d'estime de soi, à la solitude ou au désir d'être aimé. Si l'accroche fait appel à la peur, il peut s'agir d'intimidation, par exemple en menaçant de ne pas verser de pension alimentaire, de ruiner votre carrière ou de blesser quelqu'un à qui vous tenez. Un autre type d'accroche qui fait intervenir la peur est celui où le manipulateur menace de mettre fin à la relation si vous ne faites pas ce qu'il veut. Quelle que soit l'accroche émotionnelle, la dynamique est devenue inégale et la cible est probablement en train de se démener pour faire fonctionner les choses ou pour les rendre à nouveau tolérables.

6. La cible résiste. Une fois la limite repoussée, la cible peut commencer par protester légèrement ou fuir le manipulateur pour éviter que la situation ne s'aggrave. C'est souvent le cas si la cible n'aime pas la confrontation ou si elle sait seulement naviguer dans des situations inconfortables en étant gentille. Lorsqu'une cible est tellement « dans le jus », elle ne se rend pas compte que le fait d'aller dans le sens des autres pour s'entendre avec eux est un problème.

C'est à ce stade que la confusion et l'angoisse mentale de la cible commencent à augmenter. La pression exercée par le manipulateur crée une tension et la cible, qui n'a d'autre choix que de céder, finit par le faire, confondant souvent ces violations de limites et la capitulation qui s'ensuit avec les compromis appropriés que toute personne fait lorsqu'elle est engagée dans une relation. Si cette pression, cette tension et ce ressentiment perdurent, la personne visée commencera à ressentir que cette relation est difficile et déroutante, mais ne saura peut-être pas pourquoi. Elle peut penser qu'elle fait toute une histoire pour rien. Une fois que la personne cible voit la manipulation pour ce qu'elle est, cet état d'esprit de conformité sera remplacé par du ressentiment et éventuellement de la colère pour ne pas l'avoir vu clairement plus tôt.

7. Le manipulateur exerce une pression. Le manipulateur continue d'insister pour obtenir le résultat souhaité jusqu'à ce que la cible abandonne complètement ses limites. Au début, il peut sembler qu'il n'y a pas de pression et que le manipulateur souhaite discuter du problème. Cependant, la conversation se transforme rapidement en un sermon ou en accusations selon lesquelles la personne visée est méchante, contrôlante, manipulatrice ou déraisonnable, alors qu'en réalité, elle ne fait qu'essayer de s'affirmer. Ces accusations sont utilisées pour faire pression sur la personne visée afin qu'elle cède. Si la pression exercée sur la cible ne fonctionne pas, le manipulateur peut user de charme ou de réconfort, suivi d'une supplication.

Le manipulateur peut dire quelque chose comme

- « Je croyais que tu m'aimais. »
- « Si tu m'aimais, si tu voulais ce travail, si tu étais un ami, tu ferais cela ».
- « Je ne te mentirais jamais et ne te ferais jamais de mal. »

À ce stade, la peur, l'obligation, la culpabilité et la sympathie s'installent et la cible peut se demander si ses limites sont raisonnables ou si c'est elle qui est difficile. Ce type d'introspection peut être permanent en présence d'un manipulateur. *Chaque fois que nous pensons que nos limites, nos sentiments ou nos opinions sont le problème, nous remplaçons notre réalité par celle du manipulateur.*

8. La cible est menacée. Si la cible ne cède pas aux exigences du manipulateur, ce dernier fera monter les enchères. À ce stade, il profère des menaces directes ou indirectes impliquant une douleur émotionnelle ou physique ou un malheur. Le manipulateur peut faire naître chez la cible une culpabilité injustifiée en l'accusant d'être indifférente, cruelle ou d'être un mauvais parent. Il peut également menacer de mettre fin à la relation, de parler de suicide, de dire à la cible qu'elle devrait mourir ou se suicider, ou qu'il la tuera. Si le manipulateur s'emporte, il accusera la personne visée de l'avoir provoqué, alors qu'en réalité, cette dernière n'a fait que poser des limites.

9. La cible cède. Afin d'éviter que le manipulateur n'aggrave la situation et ne mette ses menaces à exécution, et afin d'évacuer l'anxiété et la tension provoquées par les menaces du manipulateur, la cible cède. Lorsque le manipulateur obtient ce qu'il veut, la pression immédiate a été supprimée, ce qui laisse souvent penser que la situation s'est améliorée et que la relation peut être sauvée.

Toutefois, ce sentiment de soulagement et cette période de calme sont souvent de courte durée. En réalité, à chaque concession, la cible perd ses limites, son identité et son estime de soi, tandis que le manipulateur gagne du terrain et que la relation continue à se déséquilibrer. Si les choses semblent calmes, elles sont en fait bien pires, car le manipulateur sait maintenant sur quels boutons appuyer et dans quelle mesure il doit intensifier son mauvais comportement pour amener la cible à se plier à ses exigences à partir d'aujourd'hui. *Le terrain est désormais préparé pour un schéma d'exigences et de pressions, et le cycle de manipulation s'aggrave.*

10. La dynamique s'aggrave ou prend fin. À ce stade, l'une des trois choses suivantes risque de se produire :

- **La cible n'obtempère pas et maintient ses limites.** Si la cible commence à tenir ses limites, il est à espérer qu'elle est consciente des différents boutons sur lesquels le manipulateur a appuyé, afin qu'elle puisse tenir bon sur tous les fronts. En outre, lorsqu'elle commence à tenir ses positions, il est essentiel qu'elle le fasse en toute sécurité. Fixer des limites avec une personne qui s'est montrée dangereuse ou dont vous craignez qu'elle le devienne n'est une bonne idée que si vous le faites à distance et de la manière la plus protectrice possible.
- **Le manipulateur repère une autre cible et passe à autre chose.** Lorsqu'un manipulateur passe à autre chose, c'est généralement pour l'une des deux raisons suivantes : la cible cesse de céder ou le manipulateur est excité par une nouvelle perspective. Si le manipulateur passe à autre chose, la cible peut avoir du mal à se sentir responsable de ne pas avoir fait plus pour maintenir la relation intacte. Il est important de comprendre que la cible peut donner et donner, faire tout ce que le manipulateur veut, supporter toutes sortes de mensonges, de tricheries, de vols et d'abus, et malgré tout « perdre » la relation. Il n'y a rien qu'une cible puisse faire pour « gagner » son amour, parce qu'une relation avec un manipulateur pathologique ne sera jamais qu'une voie à sens unique - et le véritable amour ne peut de toute façon pas être gagné.

Quelle que soit la raison pour laquelle le manipulateur passe à autre chose, cela ne signifie pas qu'il laissera nécessairement son ancienne cible tranquille. Dans le cadre d'une relation amoureuse, il est extrêmement fréquent qu'un manipulateur sorte avec quelqu'un d'autre, voire l'épouse, mais qu'il continue à envoyer des messages à son ancienne cible pour lui faire part de son amour ou pour la menacer de lui faire du mal si elle sortait avec quelqu'un d'autre. N'oubliez pas que leur jeu est axé sur le contrôle et la victoire. S'il devient possessif ou menaçant, ce n'est pas romantique et c'est le signe qu'il s'attaque à vous. Si vous vous trouvez dans cette situation, gardez vos boucliers émotionnels levés et vos limites solides... et envisagez de vous éloigner le plus possible de cette personne.

La cible se demande comment le manipulateur peut passer à autre chose si rapidement, comme si elle n'avait jamais existé, et comment il peut sembler si indifférent et non affecté. Elle souffre de la douleur de la perte, d'un profond chagrin d'amour, tout en se demandant pourquoi le manipulateur est parti et ce qu'elle aurait pu faire différemment. Elle peut être en état de choc et de chagrin, cherchant désespérément des réponses et souhaitant que le manipulateur revienne. Il n'est pas rare que le manipulateur refasse surface, prétendant qu'il se soucie de la personne ou qu'il veut être « ami » avec elle. La cible peut éprouver des sentiments mêlés d'hésitation et de désir et accepter cette « amitié » comme un moyen de garder le manipulateur dans sa vie.

Ce qu'ils ne réalisent pas, c'est que le manipulateur ne cherche pas à être leur ami ; il cherche à les garder sous le coude afin de les utiliser pour tout ce dont il pourrait avoir besoin : un endroit où loger, de l'argent, du sexe ou des contacts sociaux. Si le manipulateur est sadique, il peut appeler ou envoyer un SMS à l'ancienne cible pour lui raconter son dernier rendez-vous ou lui dire à quel point il est heureux avec son nouveau partenaire. Si la cible s'en offusque, le manipulateur lui reproche à nouveau de ne pas la soutenir ou de ne pas vouloir l » voir heureux. Tous ces stratagèmes ont pour but de faire durer l'espoir de la personne visée et de l'empêcher d'aller de l'avant. Si cela décrit ce que vous vivez, sachez que vous n'êtes pas mesquin ou rancunier si vous ne voulez pas être ami avec un ex. Il est tout à fait normal de couper la communication avec une personne qui vous a maltraité.

À ce stade, la personne visée n'est probablement pas consciente que sa relation était abusive, surtout s'il n'y a pas eu de violence verbale ou physique. Cependant, une relation manipulatrice est une relation abusive, et les abus psychologiques et émotionnels peuvent prendre des années, voire des décennies, avant que la cible ne comprenne ce qui s'est passé et ne constate les dommages causés. Plus tard, la cible peut commencer à se demander comment elle a pu se retrouver avec une telle personne et comment elle a pu se laisser maltraiter à ce point sans s'en rendre compte à l'époque.

Alors qu'elle cherche à y voir plus clair, la personne cible se débat en même temps avec la peur de comment elle peut se protéger du manipulateur et d'autres personnes à l'avenir. La honte, la culpabilité, l'embarras, la méfiance à l'égard des autres et la difficulté à obtenir une validation ou un soutien s'ensuivent souvent lorsque la personne s'adresse à d'autres pour obtenir du soutien et qu'elle se voit reprocher d'avoir été manipulée et maltraitée ou qu'elle est poussée à « s'en remettre et à passer à autre chose ». Ces reproches supplémentaires ne font que renforcer les sentiments de gêne, de honte et d'inutilité.

La cible est alors encore plus vulnérable et le risque qu'elle revienne vers le manipulateur ou qu'elle s'engage avec un autre est très élevé. Cependant, il n'est pas nécessaire qu'il en soit ainsi. Les quatrième et cinquième parties de ce livre vous aideront à acquérir les stratégies et les connaissances nécessaires pour vous libérer de la manipulation une fois pour toutes.

- **La cible cède.** Lorsque la cible cède, elle le fait généralement par espoir ou par peur. Elle cède parce qu'elle veut que la relation se poursuive ou parce qu'elle a peur de ce qui se passera si elle ne le fait pas. Quelle que soit la raison, cette dynamique a atteint un nouveau point bas. Si la personne cible continue à céder et à rester, elle restera jusqu'à ce que la situation devienne si douloureuse qu'elle ne pourra plus rester. À ce moment-là, il lui faudra toute sa force pour quitter la dynamique. Si le manipulateur s'en va quand même, la cible peut être tellement dévastée qu'elle met fin à ses jours.

Chapitre 15 :

L'évolution psychologique de la cible

Si la manipulation est progressive, la réaction de la cible l'est tout autant. La progression émotionnelle et psychologique que connaît une cible est la confusion, l'introspection, la rationalisation et l'érosion.

Voici à quoi ressemble cette progression en mouvement :

Confusion : La cible subit un comportement problématique et n'en comprend pas la raison. La confusion s'ensuit et elle commence à chercher des raisons pour lesquelles les choses sont devenues tendues ou trop compliquées, ou pourquoi le manipulateur est si froid, cruel ou insensible.

Introspection : Dans une tentative de comprendre pourquoi le manipulateur est si contrarié, la cible se retrouve à repasser toutes les interactions qui ont conduit au comportement glacial du manipulateur. En passant ces diverses rencontres au peigne fin, la cible se demande continuellement ce qu'elle a fait de si mal et si c'est elle qui est difficile, ou si le manipulateur réagit de manière excessive ou peut-être même abusive. Les cibles (et la plupart des gens en général) mettent souvent très longtemps avant d'identifier un comportement abusif comme tel. Dans le meilleur des cas, ils n'ont fait qu'effleurer cette idée, car qualifier un comportement d'abus peut sembler une réaction excessive, surtout lorsque la société est prompte à le minimiser et à lui trouver des excuses.

Rationalisation : La cible est maintenant à la croisée des chemins : reste-t-elle ou s'en va-t-elle ? Si elle décide de rester, c'est généralement parce qu'elle veut ou a besoin que cette dynamique se poursuive. Si elle ne voit pas ce comportement manipulateur et insensé pour ce qu'il est, elle commencera à justifier les mauvais traitements qu'elle subit. Au fil du temps, elle remplace , sans le savoir, sa réalité et sa perception d'elle-même par les perceptions pathologiquement faussées du manipulateur. Pendant tout ce temps, la personne visée pense qu'elle fait ce qu'il faut en changeant les aspects d'elle-même que le manipulateur considère comme problématiques, dans le but de faire fonctionner la relation.

La cible rationalise les mauvais traitements qu'elle subit en les minimisant, en les justifiant et en les niant. Elle peut se dire qu'elle a dû mal interpréter ce que le manipulateur a dit ou fait, qu'elle a des problèmes non résolus dans son passé, qu'elle est trop sensible, ou que le manipulateur a eu une mauvaise journée ou une mauvaise enfance et qu'il ne peut rien à son comportement. Pire encore, elle accepte la responsabilité et le blâme pour les mauvais traitements qu'elle a subis, pensant que le manipulateur a raison et que si elle se comportait différemment, le manipulateur ne crierait pas, ne ferait pas le silence, ne proférerait pas de jurons, ne menacerait pas, ne frapperait pas et ainsi de suite.

Si la cible croit que si elle agit comme le manipulateur le souhaite, les choses finiront par s'améliorer et qu'elle sera traitée de manière équitable ou décente, elle se trompe. Au contraire, une érosion complète de son identité est en cours, car le manipulateur contrôle désormais ses pensées, ses sentiments et son comportement.

L'érosion : La comparaison avec Alice au pays des merveilles est souvent utilisée pour décrire la réalité bouleversée qui résulte d'une relation avec une personne pathologiquement manipulatrice. Cela ressemble beaucoup à ce qu'Alice a ressenti au goûter du Chapelier fou lorsqu'on lui a dit que tout ce qu'elle avait toujours su sur elle-même ou sur le monde qui l'entourait était faux. Ce qui était en haut est maintenant en bas, et ce qui est en bas est en haut.

Voici quelques-uns des éléments essentiels du sentiment d'identité d'une personne qui sont souvent érodés et comment cela se produit :

- La capacité à identifier un problème est diminuée, car chaque fois que la cible a un problème avec le comportement du manipulateur, on lui dit que c'est elle qui a un problème.
- L'estime de soi est diminuée lorsque l'agresseur ne cesse de l'insulter ou de la dégrader, surtout si la cible en vient à croire que toutes ces choses horribles à son sujet sont vraies.
- La capacité d'autoprotection est diminuée parce qu'on a dit à la cible que ses limites n'étaient pas raisonnables ou qu'elle n'en avait pas besoin. Aujourd'hui, la cible a du mal à se demander si un problème qu'elle rencontre avec le comportement d'une personne est déraisonnable. Cela l'amène à avoir du mal à identifier les cas où elle est maltraitée et à savoir ce qu'il faut faire.

- La capacité à faire confiance aux autres est diminuée, parce qu'ils ont fait confiance à quelqu'un qui les a profondément blessés.
- La capacité à prendre des décisions est diminuée, parce qu'on leur a continuellement dit que toutes les décisions qu'ils ont prises et qui n'étaient pas conformes à la pensée du manipulateur étaient mauvaises.

Quelques exemples de l'érosion de la réalité :

Je n'ai pas dit qu'on sortirait ce week-end, et tu es fou de penser que je l'ai fait. Oh tu as des textos qui prouvent ce que j'ai dit ? Eh bien, tu as dû les truquer.

Je sais que je t'ai trompé plusieurs fois, mais comment peux-tu nous abandonner si vite ? Tu ne m'aimes pas ?

J'ai dû ouvrir des cartes de crédit à ton nom parce que mon scoring est très mauvais. Tu es égoïste d'avoir un problème avec ça alors que j'ai tant fait pour toi au fil des ans.

Je n'arrive pas à croire que tu portes plainte contre moi pour t'avoir frappé. Ce n'est arrivé qu'une fois ; tu fais toute une histoire pour rien.

Parce que ce niveau de manipulation est progressivement devenu la nouvelle norme pour la cible, celle-ci ne se rend pas compte de la profondeur des dommages causés à sa pensée, à son identité ou à son estime de soi jusqu'à ce qu'elle s'en aille. Une fois qu'elle s'en rend compte, elle est accablée par la tâche monumentale qui consiste à démêler la version pathologiquement biaisée du manipulateur de ce qu'elle est réellement. *Tenter de démêler tout cela est incroyablement difficile car la cible a été programmée pour douter de chacune de ses pensées, pour supposer automatiquement qu'elle a tort et pour attendre du manipulateur qu'il lui dise comment penser et agir.* Une fois le manipulateur parti, la cible se sent souvent perdue et lutte pour reprendre contact avec ce qu'elle pense et ressent vraiment.

Bien qu'une ancienne cible doive apprendre à se valider elle-même, au début, elle aura probablement besoin de trouver ce « soi » avant de pouvoir commencer à le valider. Lorsqu'une personne s'efforce de faire le tri entre les conseils et les comportements nuisibles et ceux qui sont utiles, la situation peut s'avérer extrêmement confuse. Les pensées dysfonctionnelles ne manquent pas.

Si vous avez besoin d'aide, un ami ou un membre de la famille de longue date, un thérapeute ou un coach de vie de confiance, qui vous donnent les moyens d'agir et qui ont une bonne compréhension de ce que sont les limites, les abus et la manipulation, peuvent vous aider. Cependant, il est parfois difficile de trouver ces personnes. Dans ce cas, rejoindre un groupe de soutien peut s'avérer extrêmement utile. J'ai deux groupes en ligne différents qui sont tous deux gratuits. L'un s'adresse aux personnes qui cherchent à comprendre la manipulation et les abus, et l'autre aux personnes qui ont acquis cette clarté et qui sont maintenant prêtes à se concentrer uniquement sur leur guérison. Vous pouvez en savoir plus sur ces deux groupes en allant sur mon site web : www.thriveafterabuse.com

Chapitre 16 :

Sept points à prendre en compte avant d'entamer une thérapie de couple

Il n'est pas rare qu'un manipulateur vous propose de réparer votre relation dans le cadre d'une thérapie. Cependant, suivre une thérapie avec une personne manipulatrice ou immature sur le plan émotionnel ne fera souvent qu'empirer les choses. Si vous envisagez de suivre une thérapie avec une personne manipulatrice, tenez compte des points suivants. Bien que les sept points ci-dessous se rapportent à la thérapie de couple, ces mêmes problèmes peuvent apparaître dans n'importe quel type de thérapie à laquelle participe un manipulateur, qu'il s'agisse d'une thérapie familiale, individuelle, spirituelle ou d'un conseiller désigné par le tribunal. Parce qu'ils sont tellement manipulateurs et qu'ils ont une vision pathologique du monde, il est fréquent qu'ils reviennent de la consultation en disant que leur thérapeute pense que *vous* êtes un narcissique, un manipulateur ou un violent.

Voici sept points supplémentaires à prendre en considération :

1. Le manipulateur peut suggérer une thérapie parce qu'il pense que c'est vous qui avez besoin de changer. La plupart du temps, les manipulateurs n'ont pas assez de conscience de soi pour savoir que leur comportement pose problème. S'ils suggèrent une thérapie, c'est peut-être parce qu'ils pensent que c'est vous qui devez changer. Si une personne manque de maturité émotionnelle, il y a de fortes chances qu'elle manque également de responsabilité sincère, qu'elle se sente justifiée dans son comportement et qu'elle ne comprenne pas ou ne respecte pas les limites des autres. Avant même d'entamer une thérapie, il est conseillé de définir clairement le type de changement que vous souhaitez voir s'opérer et dans quel délai, afin d'avoir une idée précise du temps, de l'énergie et de l'argent que vous êtes prêt à consacrer à la personne pour voir si elle changera.

2. Suivre une thérapie n'est peut-être qu'un niveau supplémentaire dans leur jeu. Si vous avez un manipulateur dans votre vie qui est plus du côté de l'exploitation, du charme et du léchage de bottes, il peut faire un excellent travail en prétendant être responsable de son comportement. Il peut s'excuser abondamment, sangloter de façon incontrôlable, faire de grandes démonstrations pour montrer à quel point il est désolé, ou sembler sincère, plein de remords, responsable et déterminé à faire fonctionner cette relation devant le conseiller.

Tout cela ne signifie rien si son comportement ne change pas réellement. Le plus souvent, lorsque la personne présente ses excuses en public, cela n'a rien à voir avec sa sincérité ; il s'agit avant tout de booster son ego en faisant croire aux autres qu'elle est formidable, bienveillante, perspicace et, d'une manière générale, un être humain merveilleux. Gardez donc ceci à l'esprit. Un proverbe dit : « Si vous voulez nourrir les sans-abris, nourrissez les sans-abris. Si vous voulez faire savoir au monde à quel point vous êtes merveilleux parce que vous nourrissez les sans-abris, vous nourrissez votre ego ». Les manipulateurs sont bien connus pour ce genre de démonstration de bonté à outrance. Cependant, certains sont beaucoup plus subtils dans leurs démonstrations de bonté ou de sincérité, mais ces démonstrations sont tout de même destinées à être montrées. J'ai travaillé avec des personnes qui étaient scandalisées et ne comprenaient pas comment leur ex pouvait participer à un défilé de sensibilisation à la violence domestique alors qu'il continuait à les harceler et à leur envoyer des textos violents. J'ai travaillé avec des personnes cibles dont le conjoint allait pleurer auprès de son chef spirituel en le suppliant de l'aider à sauver son mariage alors qu'il le trompait pendant tout ce temps.

3. Un véritable changement prend du temps, et quelle que soit la thérapie, la rééducation, la religion ou l'amour que reçoit une personne, rien ne garantit qu'elle changera réellement. Le véritable changement est un travail difficile et un processus - ce n'est pas un événement. Le changement se produit rarement en trois séances de thérapie - et il y a de fortes chances qu'il ne se produise pas en trente séances, *si tant est qu'il se produise.* Une personne peut suivre une thérapie pendant des décennies et ne pas changer suffisamment pour que la relation fonctionne. Lorsque cela se produit, c'est parce que la personne n'est peut-être pas prête à changer, qu'elle ne correspond peut-être pas à son thérapeute, qu'elle travaille peut-être sur d'autres problèmes, qu'elle a peut-être une perception biaisée de son comportement et que le thérapeute n'a pas une vision exacte de ce qui se passe réellement, ou encore qu'elle n'est pas intéressée par le changement.

Si elle n'est vraiment pas intéressée par un changement, mais qu'elle suit une thérapie, c'est peut-être parce que le tribunal l'a imposé, qu'elle doive rencontrer un travailleur social ou un case manager pour bénéficier de certains services de l'État. Ou encore, elle va en thérapie et ment consciemment au thérapeute afin de créer une trace écrite de son bon comportement, ou pour obtenir le témoignage du thérapeute à l'avenir ; ou peut-être parce que c'est amusant pour elle de voir ce qu'elle peut faire croire à un clinicien de la santé mentale. Si elle est sadique, elle peut simplement suivre une thérapie parce qu'elle veut qu'un public écoute tous ses comportements odieux, juste pour pouvoir regarder le thérapeute se tortiller.

4. La personne peut sembler avoir soudain compris, paraître sincère et pleine de remords, et agir comme une personne qui a changé. Si, dès les premières séances, le manipulateur passe d'une absence de morale à un partenaire honnête, aimant, attentif, loyal, plein de perspicacité et capable de communiquer efficacement, il y a fort à parier qu'il se donne en spectacle. Vous vous gratterez peut-être la tête en vous demandant comment et pourquoi il a trompé et menti de manière chronique pendant des années alors que quelques conversations honnêtes auraient pu préserver l'unité de votre mariage. Cela est d'autant plus vrai si la personne semble n'avoir aucun problème à être ouverte et honnête en thérapie. Si une personne ayant un tel comportement pathologique prétend avoir été capable de réfléchir, promet de ne plus jamais recommencer (peut-être même propose-t-elle de passer au détecteur de mensonges pour le prouver) et se transforme globalement en partenaire idéal, il y a de fortes chances qu'elle joue le jeu du changement et qu'elle soit plus douée pour dissimuler ce qu'elle fait.

5. Soyez à l'affût de toute forme de manipulation ou de rejet de la responsabilité sur autrui. Si la personne semble être pleinement responsable de son comportement, mais qu'elle dit ensuite que la raison pour laquelle elle a triché, menti, frappé ou autre est due à quelque chose que vous avez fait, c'est qu'elle n'est pas responsable de son comportement. Ce subtil tour de passe-passe peut être difficile à repérer. Elle peut dire qu'elle vous a trompé parce qu'elle ne se sentait pas à l'aise pour aborder les problèmes de la relation, ou qu'elle vous a trompé parce que vous travailliez trop ou que vous aviez pris du poids. Si vous ou le thérapeute ne voyez pas le transfert de responsabilité pour ce qu'il est, vous risquez de quitter la séance en pensant que la thérapie semble fonctionner à merveille et que vous êtes heureux de savoir ce que vous devez corriger. Vous voyez ce qui s'est passé ? Le thérapeute et vous avez tous deux été manipulés de telle sorte que, pour que la personne ait un sens moral, vous devez vous comporter d'une certaine manière. Ne tombez pas dans le piège et comprenez que les thérapeutes sont aussi des êtres humains. Ils ne savent pas et ne voient pas tout, et ils ne sont pas des experts de votre vie - c'est vous qui l'êtes. Si les questions soulevées par le manipulateur sont fondées, séparez-les ; ne le laissez pas s'en tirer à si bon compte. Vous avez peut-être travaillé trop longtemps ou pris du poids, mais cela ne justifie pas sa tromperie. Si vous voulez travailler sur certains des problèmes qu'il a soulevés, c'est très bien ; cependant, il doit toujours assumer sa part de responsabilité.

6. Ce que vous dites en thérapie peut être utilisé contre vous. Avant d'entamer une thérapie avec un manipulateur, il est important d'établir des règles de base qui s'appliquent à tous les deux. Par exemple, ce qui est dit pendant la thérapie ne peut pas être utilisé contre l'autre personne et aucune violence verbale ou émotionnelle ne doit avoir lieu pendant une séance de thérapie.

Un thérapeute compétent n'acceptera pas que quelqu'un soit à nouveau victime ou abusé au cours d'une thérapie de couple. Si cela se produit, il faut l'aborder immédiatement et directement et préciser que cela ne doit pas se reproduire. Si vous continuez à être maltraité ou revictimisé pendant la thérapie et que le thérapeute ne met pas fin à la séance, vous pouvez partir. Vous pouvez également en parler à votre thérapeute en tête-à-tête ou en changer. Si votre partenaire ment ouvertement, essaie de manipuler le thérapeute en jouant la victime, se montre violent verbalement ou tente de vous gaslighter pendant la séance, vous pouvez lui dire que vous voulez parler seul à seul, que vous voulez mettre fin à la séance ou même que vous voulez arrêter complètement la thérapie de couple.

Si vous suivez une thérapie de couple et que ce que vous y dites est ensuite utilisé pour vous faire honte, vous rabaisser ou vous insulter de quelque manière que ce soit, il s'agit d'un abus et ce n'est pas acceptable. Ses actions ont clairement montré qu'il ne s'agit pas d'une personne émotionnellement sûre, et vous seriez bien avisé de vous mettre en mode d'autoprotection et de ne rien révéler de profondément personnel jusqu'à ce qu'il ait prouvé avec le temps et l'action qu'il peut être digne de confiance. Si vous souhaitez poursuivre la thérapie de couple, il serait judicieux d'informer le thérapeute de ce qui s'est passé.

Étant donné que les manipulateurs vont très probablement tourner ces règles de manière à ce qu'elles leur conviennent le mieux, permettez-moi de clarifier un peu les choses. Par exemple, disons qu'au cours de la thérapie, la personne vous avoue qu'elle a eu une liaison. Une fois que vous en avez pris connaissance, vous décidez de divorcer. Elle peut prétendre que vous utilisez ce qu'elle a dit contre elle en voulant divorcer. Ce n'est pas le cas. Vous prenez une décision d'autoprotection sur la base des informations qu'il vous a fournies. Un exemple d'information utilisée contre l'autre personne serait que vous disiez que votre père est parti lorsque vous étiez enfant et que, lors de votre prochaine dispute, il utilise cette information en disant qu'il n'est pas étonnant que votre père soit parti parce que vous êtes intolérable. De tels commentaires sont destinés à blesser profondément, et ce n'est pas acceptable.

En outre, les manipulateurs peuvent utiliser des informations sensibles que vous avez partagées contre vous, puis s'excuser de l'avoir fait. Même s'ils s'excusent, leur comportement n'est pas pour autant acceptable, car le dommage est toujours présent. C'est comme si quelqu'un disait : « Je ne veux pas être grossier, mais... » et terminait sa déclaration par un commentaire grossier. Ce n'est pas parce que le manipulateur a dit au départ qu'il ne voulait pas être impoli que son impolitesse est moins blessante ou acceptable. Les attaques passives-agressives comme celle-ci sont tout aussi blessantes que les attaques agressives et ne sont pas acceptables.

7. Réalisez qu'il ne donnera pas la même version des faits que vous. Il n'y a pas deux personnes qui se souviennent des événements de la même manière. C'est particulièrement vrai si l'une de ces personnes nie, minimise et justifie continuellement son comportement. Non seulement cette personne n'a pas assumé la responsabilité de ses actes, mais *elle a réécrit la réalité pour rendre tous les autres coupables.* C'est grâce à cette gymnastique mentale que la plupart des manipulateurs ne pensent pas qu'ils sont manipulateurs.

Même pour le thérapeute le plus compétent, cela peut prendre un certain temps avant d'obtenir une image plus précise de ce qui se passe réellement, si tant est qu'il y parvienne, en particulier si le manipulateur suit une thérapie individuelle et que le thérapeute n'a pas d'autre perspective des événements que ce qu'on lui dit.

Supposons, par exemple, qu'il ait fait quelque chose que vous considéreriez comme indéniable, comme vous frapper et vous jeter dans les escaliers alors que vous vous trouviez dans un centre commercial. Vous avez des ecchymoses, des os cassés, des témoins oculaires et des images des caméras de sécurité. Les cinquante personnes qui ont été témoins de l'incident et vous affirmez tous qu'ils vous a frappé et jeté dans les escaliers, et les images vidéo le confirment. *Il y a encore* de fortes chances qu'il nie , minimise ou vous accuse d'une manière ou d'une autre d'être responsable de cette situation. Ce niveau de déni peut être stupéfiant.

Leur récit des événements pourrait être du type :

« Je n'ai rien fait, ce n'était pas moi. ». Puis la caméra zoome et confirme qu'il s'agit bien de lui. À ce moment-là, ils peut dire : « Elle fait toute une histoire pour rien. Je ne l'ai jamais frappée ; je l'ai à peine touchée. Ou alors, elle a intentionnellement atterri très fort contre ce mur pour se faire des bleus et me faire passer pour un méchant. Et je ne l'ai pas poussée dans les escaliers. Nous nous disputions et je me suis approché d'elle, elle a trébuché et elle est tombéeé. C'est là qu'ils finit de réécrire la réalité pour faire de lui-même la victime. Il ajoute généralement quelque chose comme : « C'est une menteuse et une drama queen. Je n'arrive pas à croire que je vais aller en prison pour ça ; elle est en train de ruiner ma vie. »

Ce niveau de déni ou de minimisation est la raison pour laquelle le manipulateur se sent autorisé à maltraiter et même à tuer ses cibles - et c'est la raison pour laquelle ils n'a aucun remords à le faire. Dans son esprit, c'est lui qui est la victime. Ainsi, lorsqu'une personne ayant une telle vision déformée des événements se présente en thérapie, ne vous attendez pas à ce qu'elle dise : « Je me suis mis en colère, j'ai frappé ma femme et je l'ai jetée dans l'escalier. J'étais contrarié parce qu'elle m'avait choisi une chemise que je n'aimais pas. Je me rends compte que j'ai réagi de manière excessive, mais je ne l'ai pas vu à ce moment-là. S'il vous plaît, aidez-moi à aller à la racine de mes problèmes afin que je puisse la traiter avec dignité et respect ».

Une personne violente qui nie ou minimise son comportement ne va pas suivre une thérapie et raconter cette version - en fait, il est très probable qu'elle se fasse tellement d'illusions sur son comportement qu'elle n'est même pas consciente que cette version existe.

Même si le manipulateur sait parfaitement qu'il est violent, il peut continuer à vous blâmer simplement parce qu'il aime vous contrarier. Il peut aussi sembler assumer pleinement ses actes et affirmer qu'il est désolé et qu'il veut changer. C'est à ce moment-là qu'il est temps pour vous de déterminer clairement ce qui vous fait craquer face à ce type de maltraitance. *Si une personne est physiquement violente, sachez qu'il y a plus de chances qu'elle vous envoie à l'hôpital ou qu'elle vous tue que de chances qu'elle change.*

Chapitre 17 :

Peuvent-ils changer ?

Promesses de changement

J'inclus ce chapitre sur le changement parce que si vous êtes comme la plupart des gens qui pensent avoir un narcissique, un sociopathe ou un psychopathe dans leur vie, vous vous demandez probablement si cette relation peut être sauvée. Vous avez peut-être même demandé à votre thérapeute ou cherché des réponses en ligne, et vous avez probablement entendu dire que les personnes narcissiques ne changent pas. Pour certaines personnes, c'est tout ce qu'elles ont besoin d'entendre pour mettre fin à leur relation et aller de l'avant, mais pour d'autres, cette réponse ne fait qu'ajouter à leur confusion.

Pour ces personnes, la question qui vient ensuite (et c'est compréhensible) est la suivante « S'ils ne peuvent pas changer, comment puis-je être sûr à 100 % que c'est un narcissique ? » La logique veut qu'ils veuillent s'assurer que cette personne dans leur vie est bien un narcissique avant de s'en aller, et non pas quelqu'un qui est « seulement » difficile, exigeant, égoïste, qui pense avoir tous les droits, et manquant d'empathie et de remords... et qui pourrait potentiellement changer avec suffisamment d'amour, de compréhension, de cure de désintoxication, ou de religion.

Ils peuvent même tomber sur des informations ou des professionnels qui prétendent que le trouble de la personnalité narcissique ou antisociale peut être guéri, ce qui les incite à garder espoir et à rester dans des situations potentiellement dangereuses. Cette façon de penser ne fait qu'écarter la personne de son chemin et l'enliser dans la boue.

La question la plus importante et la plus utile qui n'est pas posée est de savoir *pourquoi* la grande majorité des professionnels de la santé mentale ne pensent pas que les narcissiques peuvent changer. Parce que pour la plupart d'entre nous, la réponse « ils ne changent pas, faites-moi confiance » n'est pas assez solide pour mettre fin à une relation.

Les étapes du changement

Comment savoir si une personne (narcissique ou non) peut, veut ou a changé ? Comme nous ne pouvons pas nous projeter dans l'avenir, nous ne pouvons pas l'affirmer avec certitude. Cependant, ce que nous pouvons faire, c'est examiner le comportement à travers ce que l'on appelle le « modèle transthéorique du changement ». Ce modèle a été élaboré à la fin des années 1970 par deux psychologues et est aujourd'hui utilisé par les cliniciens spécialistes des maladies mentales. Selon ce modèle, le changement comporte cinq étapes : la précontemplation, la contemplation, la préparation, l'action et le maintien. À l'origine, le modèle transthéorique a été utilisé pour décrire et comprendre le processus de changement de comportement en ce qui concerne la dépendance. Cependant, il s'agit d'un excellent modèle qui peut être appliqué à tout type de comportement qu'une personne souhaite commencer ou arrêter en général. Nous pouvons utiliser ce modèle pour comprendre où nous en sommes dans les étapes du changement, et il nous permet d'observer le comportement d'une personne et de déterminer où elle en est dans le processus de changement.

Si nous changeons les questions que nous posons, nous pouvons obtenir la clarté que nous recherchons. Ainsi, remplacez la question «Un narcissique peut-il changer ?» par la question « Est-il prêt à changer ? «Est-il en train de changer ? » ou « A-t-il changé ? ». Une fois que vous aurez compris les étapes du changement, vous serez en mesure de répondre à ces questions et d'acquérir une connaissance approfondie du comportement humain.

En examinant plus en détail ces étapes, rappelez-vous que nous passons tous par différentes étapes de changement dans différents domaines de notre vie, et que ces étapes ne se limitent pas aux comportements problématiques. J'ai inclus des exemples pour chacune des étapes suivantes afin que vous puissiez mieux comprendre ce processus.

Les cinq étapes du modèle transthéorique du changement

1. Pré contemplation. À ce stade, une personne n'est pas consciente, ou ne reconnaît pas, qu'elle veut ou doit changer. Elle n'a pas réfléchi à la possibilité de faire quelque chose de différent et n'a pas l'intention d'agir dans les six prochains mois.

Aucun changement n'est possible à ce stade. Peu importe que ce soit nous, la police, un juge ou la famille et les amis qui leur disent qu'ils ont un problème. Si une personne ne voit pas sincèrement le problème que pose son comportement, alors dans son esprit il n'y a pas de problème à régler, et encore moins à changer. Si une personne nie, minimise, rejette la faute ou justifie son comportement, si elle n'est pas sincèrement et pleinement responsable, elle se trouve au stade de la pré contemplation du changement. Pour ces raisons, de nombreuses personnes n'atteignent jamais les étapes suivantes. Si elles y parviennent, c'est de façon éphémère, et elles s'excusent souvent, pleurent ou prennent des mesures massives pour maintenir leur relation, et non *parce qu'elles éprouvent de véritables remords.*

Exemples de la phase de pré contemplation :

- Une personne qui ne pense pas que sa consommation d'alcool ou de drogue soit un problème.
- Un parent qui crie, rabaisse ou frappe ses enfants, mais qui reproche à ces derniers de l'avoir poussé à agir de la sorte.
- Une personne qui vit une relation insatisfaisante, mais qui n'a pas envisagé de la quitter.

* Une personne à ce stade *n'est pas consciente* qu'un changement soit souhaitable ou nécessaire.

2. La contemplation. À ce stade, une personne envisage d'effectuer un changement quelconque dans les six mois à venir. Elle pèse le pour et le contre de ce qu'implique ce changement.

Pour que chacun d'entre nous en arrive au stade de la contemplation, il faut qu'il éprouve une certaine souffrance physique ou émotionnelle à rester en l'état.

Par exemple :

- Une personne qui pensait auparavant que sa consommation d'alcool ou de drogues ne posait pas de problème se retrouve en état d'ébriété, se voit interdire l'accès à son bar local ou est quittée par son partenaire à cause de sa consommation d'alcool. Elle commence alors à se demander si sa consommation d'alcool n'est pas un problème et ce qu'elle peut faire pour y remédier.

- Une personne qui vit une relation avec quelqu'un qui lui crie dessus et la rabaisse peut commencer à envisager de mettre fin à cette relation lorsque cette même personne se met à crier et à rabaisser son enfant.
- Une personne monte sur la balance et est choquée par le chiffre, réalise qu'elle doit perdre du poids et commence à réfléchir à la manière d'y parvenir.

* Une personne à ce stade envisage de faire un changement.

3. Préparation (détermination). À ce stade, la personne est prête à prendre des mesures pour changer au cours des trente prochains jours. Cependant, il faut garder à l'esprit que planifier un changement n'est pas la même chose que changer. Un vieux proverbe chinois dit : « Parler ne fait pas cuire le riz ». Ce proverbe dit tout.

Lorsqu'une personne se trouve au stade de la planification, elle commence à rassembler des informations et des ressources et à déterminer le type de mesures qu'elle doit prendre pour que le changement se produise.

Un plan solide doit être raisonnable, réaliste, programmé et durable. Un tel plan comprend les éléments suivants : qui, quoi, quand, où et comment.

Par exemple, si je dis que je veux devenir sobre, ou même que je vais aller à une réunion des Alcooliques Anonymes, ce n'est pas vraiment un plan. Ce n'est qu'un discours. Ce discours devient un plan lorsque je choisis la réunion à laquelle je vais me rendre, le jour et l'heure qui conviennent. Par exemple, je décide de prendre le bus pour me rendre à la réunion des AA au YMCA, au coin de la rue principale, à 18 h 30 ce mercredi. Il s'agit là d'un plan viable, car il comprend qui, quoi, quand, où et comment. Toutefois, pour qu'un plan viable dure, il doit comporter deux éléments supplémentaires : Je dois avoir une raison motivante *pour expliquer pourquoi* je veux changer, et le plan doit être différent de tout ce que j'ai pu essayer (et échouer) auparavant.

Le désir de changer peut être déclenché par quelque chose d'extérieur à nous, comme le chiffre sur la balance ou la menace de perdre une relation. Bien que ces facteurs de choc puissent nous motiver à commencer, la seule chose qui nous permet de continuer est que notre motivation vienne de l'intérieur. En effet, si nous devenons abstinents ou si nous nous mettons en forme uniquement grâce à notre partenaire et qu'il nous quitte, notre motivation à devenir abstinent s'évanouit.

En outre, essayer d'utiliser le même plan qui n'a pas fonctionné auparavant sans examiner pourquoi il a échoué n'est pas un plan viable. Ainsi, si j'ai déjà pris le bus pour me rendre à la réunion des AA de 18 h 30 au YMCA et que je n'ai pas réussi à suivre ce plan, je dois examiner les raisons de cet échec et faire quelque chose de différent pour avoir une chance de réussir. En effet, si j'essaie le même plan qu'auparavant sans comprendre pourquoi il a échoué, je cours le risque que ce plan ne fonctionne pas à nouveau.

Si, après réflexion, je me rends compte que ce qui m'a fait trébucher auparavant, c'est que j'avais à peine le temps de rentrer du travail, de me changer et de manger quelque chose avant de prendre le bus, alors peut-être que le fait de choisir une réunion à une heure différente pourrait m'aider. Ou, si le problème était que je me sentais vraiment déprimé le week-end, peut-être que le fait d'aller à une réunion supplémentaire le week-end pourrait m'aider. Si j'essaie de faire ces changements, mais que je n'y parviens toujours pas, je devrai continuer à modifier mon approche jusqu'à ce que je trouve ce qui fonctionne. Cela peut vouloir dire commencer une thérapie, trouver un parrain, passer du temps avec des amis qui ne boivent pas, ou peut-être une combinaison de tout ce qui précède. Vous saurez ce qui fonctionne lorsque vous commencerez à obtenir des résultats positifs.

* Une personne qui se trouve à ce stade prévoit d'effectuer un changement.

4. Action. À ce stade, la personne travaille activement au changement et obtient les résultats souhaités. Comme pour l'apprentissage de toute nouvelle compétence, il y a beaucoup d'essais et d'erreurs, car nous apprenons ce qui fonctionne et ce qui ne fonctionne pas pour nous. De nombreux projets ont tendance à s'essouffler au cours de la phase d'action, soit parce que nous sommes frustrés de suivre la courbe d'apprentissage, soit parce que nous perdons la motivation pour une raison ou une autre. Le plus grand défi de cette phase est de rester motivé. Nous rappeler la douleur que nous éprouverons si nous ne changeons pas et nous concentrer sur les aspects positifs de notre changement peut nous aider à continuer.

Avec un manipulateur, vous pouvez entendre beaucoup de promesses de changement. Il se peut même que des mesures soient prises. Cependant, ce n'est pas la même chose qu'une personne qui change réellement. Les promesses de changement et les actions sporadiques aboutissent à l'une des deux choses suivantes :

- Ils changent soudainement et radicalement et semblent le faire du jour au lendemain... jusqu'à ce que vous les réintégriez dans votre vie et qu'ils redeviennent comme avant ;
- Ils se comportent de la meilleure façon possible et vous découvrez, avec le temps, qu'ils sont devenus encore plus habiles à cacher ce qu'ils ont fait.

* Une personne au stade de l'action agit et change.

5. Le maintien. À ce stade, nous avons pris des mesures cohérentes, obtenu les résultats souhaités et été en mesure de maintenir le changement pendant plus de six mois. Lorsqu'une personne se trouve à ce stade, elle a l'intention de maintenir ce changement à l'avenir et de s'efforcer d'éviter tout retour en arrière.

* Une personne à ce stade a changé et maintient son changement.

Je tiens à souligner deux points importants concernant le changement :

1. Le changement durable ne se produit que dans la phase de maintien. Toutes les phases qui précèdent ne sont que des niveaux différents d'intérêt pour le changement, de volonté de changer ou d'action pour changer. S'excuser, demander pardon ou promettre de changer n'est pas un changement. Agir n'est pas changer. S'inscrire dans une salle de sport, aller à une réunion des AA ou à une séance de thérapie, c'est bien, mais ce n'est pas un changement. Le changement durable est le seul véritable changement.

2. Le changement est rarement un processus sans heurts. Le changement est toujours difficile, même si nous sommes très motivés pour le réaliser. Nous pouvons avoir l'impression de marcher continuellement dans la montagne avec les deux pieds dans la même chaussure. *Si vous deviez dessiner le processus de changement, vous ne verriez pas une ligne droite.* Une image plus précise du changement serait une série de cercles qui tournent autour de la pré contemplation, de la contemplation, de la préparation, de l'action - et parfois même de l'entretien - avant de revenir à la pré contemplation. Le résultat ressemblerait à un énorme gribouillis. Cela ne vaut pas seulement pour les autres, mais pour chacun d'entre nous. Les manipulateurs les plus habiles le savent et s'en servent pour tirer sur la corde sensible. Sachez qu'il n'y a pas de mal à poser des limites à leur comportement - en fait, je vous encourage à bien définir ces limites.

Si la compréhension des étapes du changement peut nous aider à faire la différence entre les paroles, les actions sporadiques et le véritable changement, il est extrêmement difficile pour les personnes qui ont un manipulateur dans leur vie d'essayer de savoir si elles ont changé. En effet, le manipulateur peut faire semblant d'avoir compris et jouer à merveille le rôle de celui qui a changé. Il peut pleurer, supplier, implorer, s'excuser, dire toutes les bonnes choses et sembler avoir des remords. Il peut promettre à ses enfants, à ses parents ou aux personnes de son entourage que cette fois-ci sera différente. Il peut suivre une thérapie et commencer à lire des livres de développement personnel. Elle peut présenter des excuses en grande pompe qui amèneraient n'importe qui à penser qu'elle est sûrement désolée, car une personne qui ne le serait pas n'irait pas jusqu'à de telles extrémités. Elles peuvent vous ramener en vous disant que vous êtes leur âme sœur et qu'elles sont prêtes à tout pour que cette relation fonctionne. Ne prenez pas ces actes grandioses pour un signe de sincérité ou de changement. Il y a un moment où nous disons que c'en est assez, surtout si leur comportement passé vous montre qu'ils n'ont pas de sens moral. Quoi qu'il en dise, vous ne devez pas donner à quelqu'un de multiples occasions de détruire votre vie.

Un changement de comportement n'arrange pas une relation

Les gens pensent souvent que si l'autre personne cessait d'être manipulatrice, abusive, de boire ou de se droguer, leur relation se porterait bien. Ce n'est pas le cas. En réalité, il n'y a plus de relation, et il n'y en a plus eu depuis que le comportement préjudiciable a été mis au jour - si tant est qu'il y ait jamais eu une relation. La confiance, l'honnêteté, une communication ouverte, sincère et orientée vers des solutions, le respect et l'empathie sont autant d'ingrédients nécessaires à une relation. Si l'un de ces éléments fait défaut, il n'y a pas de véritable relation.

La plus grande et la plus dangereuse des erreurs commises par les victimes de manipulation et d'abus est de penser que la manipulation ou l'abus est le problème, et que si ces deux choses cessaient, tout irait bien. Ce n'est pas le cas.

Le comportement inadapté existe parce que le comportement bien adapté n'existe pas. Il n'y a pas de comportement équilibré enfoui à l'intérieur du manipulateur. Même s'il met fin à son ancien comportement, il doit apprendre un nouveau comportement et être prêt et capable de travailler pour réparer les dommages causés par son comportement antérieur. En d'autres termes, même s'il a changé, ce n'est pas la ligne d'arrivée ; ce n'est que le début.

Même si le manipulateur est sincèrement responsable, qu'il cesse tout abus et toute dépendance, qu'il s'efforce activement de rétablir la confiance et qu'il apprend un comportement plus constructif, l'attention doit alors se porter sur l'ancienne cible. Au cours de cette étape, l'ancienne cible doit reconnaître et surmonter la blessure et la colère qu'elle a ressenties après avoir été la cible d'un comportement aussi préjudiciable. Cette étape est permanente et peut prendre des années. C'est à ce moment-là que le partenaire se rend compte que faire cesser le comportement problématique n'est pas la solution qu'il pensait.

Partie 3 : Se libérer de la manipulation

Chapitre 18 :

Voir la douleur comme le messager qu'elle est

Nous traitons souvent la douleur physique et émotionnelle comme si ces sensations inconfortables étaient là sans raison. En réalité, la douleur est le principal moyen dont dispose notre cerveau pour tenter d'attirer notre attention afin de nous transmettre un message important. Tout comme le système de navigation de notre téléphone ou de notre voiture qui nous indique quand nous devons tourner ou quand nous sommes dans la mauvaise direction et devons faire demi-tour, la douleur est un élément important de notre système de navigation interne qui fonctionne de la même manière. Plus nous ignorons ce que nous dit le GPS, plus nous nous éloignons du chemin. Au lieu de nous arrêter et de prendre le temps de vérifier si nous sommes bien sur la mauvaise voie, nous avons appris à baisser le volume et à continuer à rouler. Cela finira par poser un problème.

Si nous n'éprouvions pas de douleur, nous continuerions à faire ce que nous faisons. Ressentir de la douleur après avoir touché une plaque de cuisson chaude est une bonne chose. Si ce n'était pas le cas, nous n'aurions aucune raison d'arrêter de la toucher. Nous ressentons de la douleur parce que c'est le moyen qu'utilise notre cerveau pour attirer notre attention. Non seulement la douleur est un messager agressif, mais elle fournit également la motivation nécessaire pour que nous fassions quelque chose de différent. Si nous n'associions pas de conséquences douloureuses à nos actions, nous n'apprendrions pas à naviguer efficacement dans notre environnement et nous continuerions, sans le savoir, à faire des choses qui nous causent du tort.

Par exemple, une poignée d'enfants sont nés au fil des ans avec une maladie génétique rare connue sous le nom d' « insensibilité congénitale à la douleur » (ICD) qui les empêche de ressentir la douleur physique. Les parents de ces enfants commencent à remarquer que quelque chose est différent lorsque leur enfant se casse un os et ne semble pas s'en apercevoir. Les parents ou les médecins ont beau insister sur l'importance de la prudence, lorsque la douleur n'est pas présente, ces enfants n'ont pas la capacité de savoir quand modérer leur comportement pour rester en sécurité. Malheureusement, l'espérance de vie d'une personne atteinte de cette maladie est considérablement réduite, et beaucoup ne survivent pas jusqu'à l'âge adulte.

Cependant, de nombreux adultes ne souffrant pas de cette maladie génétique ont du mal à reconnaître la gravité de leur douleur. Lorsque je travaillais comme infirmière, j'étais continuellement surprise par le nombre de personnes qui venaient consulter un médecin parce qu'elles souffraient. Pourtant, lorsqu'on leur demandait quand la douleur avait commencé, ce qui l'avait aggravée ou améliorée, et quel était leur niveau de douleur sur une échelle de zéro à dix, dix étant une douleur atroce, la plupart des gens ne le savaient pas. Ou, s'ils le savaient, ils auraient pu dire que leur douleur était de quatre ; cependant, le fait que leur douleur était suffisamment forte pour qu'ils se rendent aux urgences (leur tension artérielle ou leur pouls étaient anormalement élevés, et ils étaient recroquevillés en boule, ne voulant ni bouger ni parler) indiquait le contraire.

Ma théorie est que, dans le meilleur des cas, cette incapacité à identifier la douleur est due à des attentes liées au sexe, à la société ou à la culture. Au moment de la puberté, quel que soit notre sexe, la plupart d'entre nous apprennent que notre douleur est gênante pour les autres, qu'elle est en quelque sorte injustifiée ou qu'elle est un signe de faiblesse. Toutefois, ces attentes sociales semblent être plus particulièrement le fait des garçons et des hommes, à qui l'on dit qu'il faut « être un homme » ou « arrêter d'être une poule mouillée ». En outre, les enfants dont les parents sont autoritaires ou violents reçoivent également ces messages. Lorsqu'un enfant dans cette situation se présentait, toute question que je lui posais sur sa douleur était soit interceptée et répondue par son parent, soit, si l'enfant répondait, il établissait un contact visuel avec son parent afin d'obtenir son approbation non verbale avant de répondre. Pour mémoire, dans ce genre de situation, nous essayons de parler à l'enfant seul à seul et si nous craignons qu'il soit maltraité, nous le signalons.

Je suis fermement convaincue que les messages sexistes toxiques expliquent pourquoi les garçons et les hommes sont beaucoup plus hésitants et incapables d'identifier correctement leur douleur. J'irais même jusqu'à dire que je pense que c'est la raison pour laquelle de nombreux hommes qui présentent les premiers signes d'une crise cardiaque s'excusent pour aller aux toilettes afin de reprendre leur sang-froid, pour ne jamais revenir, alors que les femmes sont plus enclines à faire savoir à leur entourage qu'elles souffrent ou qu'elles « se sentent bizarres ».

Si, en tant que société, nous sommes si déconnectés de la douleur physique pénible, imaginez à quel point nous devons être déconnectés de la douleur qui est beaucoup plus facile à ignorer, comme la douleur émotionnelle. Tout comme pour la douleur physique, on ne nous apprend pas à considérer notre douleur émotionnelle, ou nos émotions en général, comme les importants messagers d'information qu'elles sont. Au contraire, nous avons tendance à considérer nos émotions comme des inconvénients aléatoires et inutiles qui surgissent sans raison valable ou comme des façons enfantines d'appréhender le monde qui doivent être remplacées par la logique et la raison. C'est un problème.

Pour rester à l'abri du danger, nous devons être à l'écoute de notre douleur émotionnelle autant que de notre douleur physique. Les deux types de douleur sont là pour nous aider à naviguer dans la vie et à rester en vie. Pour mieux illustrer ce point, il peut être utile de considérer notre corps comme un véhicule et notre cerveau comme l'ordinateur qui le fait fonctionner. La partie logique et critique de notre cerveau fonctionne comme un volant, nos émotions de douleur et de plaisir sont semblables à un GPS et nous avertissent lorsque nous sommes sur la bonne voie ou non, nos désirs et nos besoins nous poussent à agir, un peu comme une pédale d'accélérateur, et lorsque nous ressentons de la confusion, de la prudence, de la douleur ou de la peur, ces sensations fonctionnent comme une pédale de frein. Bien entendu, ce que nous mettons dans notre véhicule a également son importance. Si nous ne nous nourrissons pas du bon carburant physique, environnemental et mental, notre véhicule n'ira pas très loin. Si l'un de ces éléments clés manque ou si nous ne les utilisons pas en combinaison les uns avec les autres, nous n'irons pas très loin, et encore moins là où nous voulons aller. Il n'est pas étonnant que tant d'entre nous soient bloqués sur le bord de la route !

Les émotions désagréables qui accompagnent la douleur émotionnelle - telles que la peur, l'anxiété, la colère, la tristesse, la haine - sont là parce qu'elles ont un message à nous transmettre. Si nous pensons que ces émotions surgissent sans raison, alors nous passons à côté de la situation dans son ensemble et de la leçon que nous devons tirer d'une approche différente. Parce que nous sommes tous très occupés et que nous nous sommes tellement habitués à souffrir que, lorsque nous atteignons l'âge adulte, pour engourdir les sentiments inconfortables, nous ne sommes probablement même pas conscients que nous souffrons et que notre vie est gravement déséquilibrée.

Si ce déséquilibre provient de notre incapacité à savoir quand nous devons faire plus d'une chose et moins d'une autre, alors, pour nous sentir mieux, nous pouvons commencer à prendre toute une série de médicaments pour soulager notre anxiété ou notre dépression. Si nous parvenons à faire taire notre douleur et le message qu'elle essaie de nous transmettre, notre cerveau trouvera un autre moyen, généralement plus intense et plus difficile à éviter, de nous faire comprendre. Je n'ai pas l'intention de simplifier à l'extrême la santé mentale ou physique. Parfois, nous souffrons réellement d'un déséquilibre chimique qui ne peut être corrigé que par des médicaments. Faire le tri entre les problèmes de santé dus à la génétique, à l'environnement et aux émotions refoulées peut s'avérer un véritable défi.

S'il est dangereux de ne pas pouvoir ressentir la douleur physique, il l'est tout autant de ne pas pouvoir ressentir la douleur émotionnelle, et ce pour les mêmes raisons. Si nous ne ressentons pas ou ne reconnaissons pas la douleur lorsque nous le devrions, nous ne recevons pas le message que nous devons faire quelque chose de différent. Il est essentiel de ressentir la peur lorsque nous percevons un danger, la colère lorsque nous ou quelqu'un d'autre a été lésé, l'anxiété lorsque nous manquons de stabilité, la tristesse lorsque nous vivons une perte et l'empathie lorsque nous voyons une autre personne en difficulté. Sans ces sentiments, nous aurions non seulement du mal à rester en sécurité et à maintenir notre vie en équilibre, mais nous aurions aussi du mal à nous connecter aux autres.

Voir clairement le manipulateur

La douleur émotionnelle, en particulier la douleur émotionnelle chronique, est un signe fort que quelque chose de différent doit être fait. Les émotions de confusion, de frustration et de ressentiment sont présentes lorsqu'une limite a été franchie, et c'est un signe que nous devons prendre des mesures pour protéger nos limites, et donc nous-mêmes.

Si le comportement d'une personne est ce qui nous fait souffrir, mais qu'elle ne voit pas de problème dans la façon dont elle nous traite, alors c'est à nous de faire quelque chose d'autre que d'essayer de faire face à la maltraitance ou d'espérer qu'elle change. Même si vous vous sentez (ou êtes) coincé(e) dans une relation avec une personne manipulatrice ou abusive à cause des enfants, de la maladie, du manque de moyens financiers ou pour des raisons culturelles ou religieuses, il est important de changer ce que vous pouvez pour l'instant afin d'apporter autant de paix et de calme que possible dans votre vie - même si cela signifie prendre dix minutes par jour pour prendre un bain chaud, faire une promenade, se coucher un peu plus tôt, s'adonner à un passe-temps, lire avant de se coucher, ou écouter des vidéos d'imagerie guidée.

Quand il faut être celui qui change

Afin de mieux comprendre quand il est temps pour nous de faire quelque chose de différent, je pense qu'il est utile d'examiner une dynamique que nous connaissons tous : Lucy et Charlie Brown. Bien que leur dynamique soit simpliste, sans enjeu majeur, et qu'elle contraste fortement avec ce que beaucoup d'entre nous ont vécu, il y a encore beaucoup à gagner en examinant ce qui se passe entre eux.

Le cycle que ces deux-là répètent est le suivant : Lucy convainc Charlie Brown de taper dans un ballon de football et lui propose de le tenir. Charlie Brown veut jouer, mais il hésite, car dans le passé, Lucy a retiré le ballon, ce qui l'a fait tomber et se blesser. Lucy le rassure toujours en lui disant que cette fois-ci sera différente, puis elle retire le ballon à la dernière minute, comme elle le fait toujours, en riant aux éclats lorsque Charlie Brown se blesse.

Charlie Brown continue d'essayer de jouer avec Lucy parce qu'il espère que cette fois-ci les choses seront différentes et que Lucy tiendra vraiment la balle. Lucy nourrit son espoir et lui promet que ce sera le cas. Mais n'oubliez pas que promettre de changer n'est pas changer. Ce ne sont que des paroles en l'air. Et la seule façon pour Charlie Brown de savoir si cette fois-ci sera différente, c'est de voir ce qui se passe. S'il continue à prendre ce risque, alors qu'il risque d'être blessé, c'est une façon dangereuse de déterminer si elle a changé. Charlie Brown ne peut pas croire Lucy sur parole que cette fois-ci sera différente, parce qu'elle n'a fait que mentir à ce sujet dans le passé. Pire encore, elle ne montre aucun signe de remords ; elle trouve sa douleur amusante.

Le problème ici n'est pas la communication de Charlie Brown. Le problème est qu'à l'insu de Charlie Brown, ils jouent à deux jeux différents. Il veut jouer à la balle, mais Lucy veut jouer à blesser Charlie Brown.

Comme elle n'a pas de problème avec ses actions, on peut dire qu'elle est au stade de la précontemplation. Nous pouvons dire qu'elle n'est pas prête de changer, non seulement parce qu'elle ne pense pas avoir de problème, mais aussi parce qu'elle rit chaque fois qu'elle retire la balle et que Charlie Brown se blesse. *Elle aime* lui faire du mal. Il serait donc erroné de croire aux promesses de Lucy de garder la balle à partir de maintenant, car elle a montré qu'elle n'est pas digne de confiance et qu'elle est en fait manipulatrice et sadique.

Cependant, parce que Charlie Brown espère toujours pouvoir jouer au ballon, il ne veut pas voir son comportement comme le problème qu'il est. En effet, s'il le faisait, il devrait cesser d'essayer de jouer le jeu auquel il souhaite si désespérément jouer. Ne se rendant pas compte qu'il est dans le déni, il envisage chaque rencontre avec un optimisme injustifié. Si quelqu'un lui suggère qu'il doit faire quelque chose de différent, il sera très probablement offensé, car Lucy est celle qui a un comportement blessant, et c'est donc elle qui doit changer. Il peut également penser que s'il refuse de lui donner une autre chance, il porte un jugement, ne pardonne pas et manque de compassion - et les autres personnes de son entourage, qui ont également des limites insuffisantes, peuvent lui dire la même chose.

Charlie Brown n'est pas seulement dans le déni, mais il interprète mal la situation en confondant le fait de juger avec le fait d'avoir un bon niveau de discernement, le fait d'être impitoyable avec le fait d'avoir des freins sains, et le fait de manquer de compassion avec sa capacité à s'autoprotéger. C'est ce déni qui le pousse à lui donner une nouvelle chance et qui explique qu'il continue à se mettre en colère et à se blesser physiquement chaque fois qu'elle lui retire le ballon. Parce qu'il ne se rend pas compte qu'ils ne jouent pas le même jeu, et parce qu'il ne sait pas ce qui l'empêche d'agir, il continue d'essayer de faire fonctionner une situation impossible, en se demandant ce qu'il faudrait faire pour qu'elle le comprenne. Pour que les choses changent, il va devoir cesser de jouer à ce jeu avec elle. Tant qu'il n'aura pas abandonné l'idée que jouer au ballon avec Lucie sera différent de ce qu'il a toujours été et qu'il ne verra pas la réalité pour ce qu'elle est, il sera continuellement déçu et frustré par le décalage entre ses attentes irréalistes et le comportement réel de Lucy.

Chapitre 19 :

Élaborer un plan de match

L'idée d'élaborer un plan de match peut sembler insurmontable, car il y a beaucoup d'éléments à prendre en compte, mais ce n'est pas toujours le cas. J'aime à penser que c'est comme apprendre à conduire une voiture à transmission manuelle. Au début, il y a beaucoup de choses à apprendre et à garder à l'esprit à tout moment. Il faut trouver l'équilibre entre l'embrayage et l'accélérateur, savoir quand passer à la vitesse supérieure et à la vitesse inférieure, apprendre à s'arrêter sans caler, éviter de faire sauter l'embrayage, éviter de reculer lorsque l'on est arrêté dans une colline et ne pas oublier d'actionner le frein d'urgence. Avec le temps et la pratique, nous finissons par acquérir ces compétences.

Croire en soi, persévérer et apprendre à gérer les sentiments de frustration, d'incompétence et de découragement font partie du processus. Si vous persévérez, un jour vous réaliserez que vous n'êtes pas nerveux et que vous pouvez conduire avec aisance - vous avez acquis ces compétences et n'avez même pas besoin de penser consciemment à ce qu'il faut faire. C'est une seconde nature. Vous ne vous rendrez peut-être même pas compte du chemin parcouru jusqu'à ce que vous voyiez quelqu'un d'autre s'efforcer d'apprendre à conduire avec un levier de vitesse.

Il en va de même pour la mise en œuvre de votre plan d'action face à un manipulateur. Avec le temps, vous en viendrez à ne plus vous sentir intimidé ou épuisé, et vous aurez du mal à vous rappeler comment et pourquoi vous avez agi différemment avec lui. L'apprentissage et l'application de toute nouvelle compétence sont d'abord difficiles ; c'est particulièrement vrai lorsqu'il s'agit de se libérer de la manipulation. Cependant, si le changement est toujours douloureux, il en va de même pour l'utilisation, l'abus et l'exploitation. Il arrive un moment où la douleur de faire la même chose devient plus grande que la douleur de changer.

Se concentrer sur la compréhension du jeu et non sur chaque tactique

Lorsque l'on joue à un jeu, il faut comprendre à quel jeu on joue, quelles sont les règles de ce jeu, quels sont les mouvements autorisés et quelles sont les pièces en jeu. Si nous voulons gagner la partie, nous devons adopter une stratégie et nous entraîner. Les manipulateurs jouent à leur propre jeu, selon leurs propres règles qu'ils réécrivent en permanence pour s'assurer de gagner. C'est une erreur d'essayer de jouer au baseball si votre adversaire joue au poker. Les manipulateurs ne jouent pas à des sports d'équipe ; ils jouent à un sport individuel, et ils jouent pour gagner.

Une fois que vous commencez à voir leur jeu pour ce qu'il est, il vous sera beaucoup plus facile de vous y prendre. Cependant, comme au poker, comprendre le jeu auquel vous jouez ne représente que la moitié de la bataille. Réaliser qu'il existe différentes tactiques et qu'elles sont en constante évolution fait toute la différence. C'est pourquoi il est essentiel d'avoir une vue d'ensemble. Se concentrer uniquement sur des tactiques individuelles revient à apprendre à un enfant à se méfier de l'homme effrayant dans la camionnette qui lui offre des bonbons. Enseigner cette tactique spécifique peut être utile... jusqu'à un certain point. Après tout, que se passe-t-il si l'inconnu n'a pas de bonbons mais un chiot ? Et si l'étranger n'est pas un homme effrayant, mais une femme amicale ? Et si l'étranger n'est pas du tout un étranger, mais un membre de la famille, un ami, un enseignant ou un chef spirituel ?

De nombreuses tactiques ont été abordées dans ce livre, car il est important de se familiariser avec le large éventail de façons dont les manipulateurs peuvent se présenter. Cependant, comme chaque manipulateur est différent, ils ne se présenteront pas tous de la même manière. Un même manipulateur changera de tactique en fonction de ce qu'il pense être efficace à un moment donné. Les joueurs de poker professionnels en sont le meilleur exemple. Non seulement ils jouent leur main, mais ils jouent aussi sur les faiblesses des autres joueurs. Ils peuvent faire semblant d'avoir une main faible alors qu'ils en ont une forte. Ils peuvent commencer à dire des choses pour se mettre intentionnellement dans la peau des autres joueurs afin de les mettre « on tilt », c'est-à-dire en déséquilibre. Les bons joueurs de poker peuvent voir cela venir et se préparent du mieux qu'ils peuvent à l'avance. Lorsque leur adversaire essaie de les provoquer d'une certaine manière, mais n'y parvient pas, il continuera à utiliser différentes approches jusqu'à ce qu'il en trouve une qui fonctionne, ou jusqu'à ce qu'il abandonne. À l'instar du joueur de poker, nous devons nous aussi essayer de rester aussi calmes et concentrés que possible afin d'éviter d'être poussés à devenir réactifs.

Le plan en sept points pour changer la donne

Pour changer ce jeu auquel nous jouons sans le savoir, nous devons faire les choses différemment. Attendre que le manipulateur change ou tenter de faire face à son comportement problématique ne sont pas des stratégies solides. Les sept points que tout plan de match solide doit inclure sont les suivants :

1. **Comprendre le jeu.**
2. **Comprendre qui est votre « adversaire ».**
3. **Comprendre et anticiper les mouvements de votre « adversaire ».**
4. **Comprendre qui fait partie de votre équipe (qui est en sécurité et qui ne l'est pas) et agir en conséquence.**
5. **Se comprendre ; comprendre comment vous gérez le stress, quels sont les « mouvements » que vous avez tendance à faire et pourquoi.**
6. **Élaborer des stratégies.**
7. **Mettre vos stratégies en pratique.**

Les trois premiers points de ce plan de jeu ont déjà été abordés en détail tout au long de ce livre. Les chapitres suivants abordent plus en détail les quatre autres points.

Chapitre 20 :

Comprendre et anticiper les mouvements du manipulateur

Se préparer au jeu

Pour changer la donne, il est important que vous sachiez à quoi vous attendre afin d'être le mieux préparé possible. Il y a sept points principaux à anticiper pour ne pas être déstabilisé.

1. **Attendez-vous à ce qu'il use de tous les stratagèmes possibles pour vous faire revenir.** Chaque fois qu'un manipulateur a l'impression de perdre le contrôle d'une situation, il commence à changer rapidement de tactique pour en trouver une qui fonctionne. Vous pouvez voir les différents masques tels que « le charmeur » qui tente de vous accrocher à nouveau en vous disant tout ce que vous voulez entendre. Vous pouvez voir « l'agresseur » qui vous pousse verbalement ou physiquement jusqu'à ce que vous cédiez. Vous pouvez voir « l'intimidateur » qui vous menace de ne plus jamais vous laisser partir, d'obtenir la garde de vos enfants, de vous remarier, de vendre la maison ou de travailler dans cette ville. Vous verrez peut-être « l'oisillon à l'aile brisée » qui semble régresser sous vos yeux en un enfant blessé qui vous inspire tellement de sympathie que vous vous sentez mal d'avoir tenu bon. Vous pouvez expérimenter ces tactiques non seulement avec votre partenaire, mais aussi, sous différentes formes, avec un ami, un collègue, un associé, un parent, un frère ou une sœur, etc.

   Voir tous ces masques apparaître puis se transformer en un autre peut se produire en l'espace de quelques jours, voire de quelques minutes, et c'est l'une des choses les plus chaotiques et les plus déroutantes dont une personne puisse être témoin. Si vous avez été témoin d'une telle situation, il y a de fortes chances que vous ayez le sentiment déstabilisant de ne pas vraiment savoir qui est cette personne.

2. **Attendez-vous à ce qu'il joue bêtement.** Il peut prétendre qu'ils ne savait pas ou qu'ils n'avait pas l'intention de vous blesser. Si vous n'y voyez pas clair, vous devrez peut-être lui expliquer les principes de base du comportement adulte. Si vous vous retrouvez à lui expliquer ce que signifie être gentil, ce qu'est le flirt, comment les mensonges, la tromperie et la trahison blessent et brisent la confiance, ou comment il n'est pas acceptable qu'ils crie , frappe , jure ou fasse une crise de colère d'adulte, c'est qu'il y a un problème. Les adultes matures n'ont pas besoin qu'on leur explique ces choses, et s'ils en ont besoin, c'est qu'ils ont des problèmes trop profonds pour qu'une explication de base puisse les résoudre.

3. **Attendez-vous à ce qu'il appuie rapidement sur le plus grand nombre possible de vos boutons.** Ils peu t passer des cris, aux pleurs, aux supplications, à la présence sur le pas de votre porte, à l'envoi de dizaines d'e-mails ou de SMS, au blocage sur les réseaux sociaux, à la promesse de changer, aux menaces, à l'envoi de fleurs, aux injures, à l'affirmation que vous êtes son âme sœur et à celle que vous n'avez jamais compté pour lui. C'est une véritable montagne russe que de vivre une telle situation. S'il persiste à vous dire tout ce que vous voulez entendre, à vous envoyer de nombreux SMS et à vous appeler de différents numéros après que vous l'ayez bloqué, ne prenez pas sa détermination et son intensité émotionnelle pour de la sincérité - ce n'est pas le cas, il s'agit d'un comportement contrôlant et obsessionnel, qui a tout à voir avec le fait qu'il gagne et vous réintroduit dans le cycle de l'abus.

4. **Attendez-vous à ce qu'il réécrive la réalité pour en faire la victime ou le héros.** Les manipulateurs essaient souvent de susciter la pitié de leur cible *et de son entourage* en parlant de leur enfance douloureuse, de leur lutte contre la toxicomanie, de leurs problèmes au travail, dans leur famille ou avec leurs enfants, ou encore des efforts qu'ils ont déployés dans cette relation et de l'horreur que vous représentez pour eux. Ils essaieront même de vous faire croire, à vous et à votre entourage, que vous êtes responsable ou que vous devez régler ces problèmes.

   Ils peuvent également se transformer en héros. Cela se fait de deux manières principales : en passant sous silence tout ce qu'ils ontfait de blessant ou en mentant carrément sur les bonnes choses qu'ils ont faites et qui ne se sont jamais produites. Lorsqu'une personne est manipulatrice, elle n'est pas responsable de son comportement. Si elle n'assume pas ce qu'elle a fait, il est beaucoup plus facile de le nier. C'est ainsi que la réalité est réécrite. Lorsque les manipulateurs passent sous silence les choses blessantes qu'ils ont faites, ils peuvent se concentrer sur le fait que la personne visée n'a pas été suffisamment reconnaissante pour toutes les façons dont ils ont été bons avec elle. Il en résulte une version très déformée de la réalité. Par exemple, vous avez peut-être demandé le divorce parce qu'il vous contrôlait, vous trompait, vous intimidait, vous agressait verbalement et/ou dépensait de grosses sommes d'argent sans vous le dire. Cependant, à l'écouter, il pourrait dire qu'il ne vous a jamais frappé, ni les enfants, et qu'il a aidé à prendre soin de vous pendant que vous vous remettiez d'un cancer. Bien que ces choses soient vraies, cela ne signifie pas que leur comportement blessant n'était pas le problème majeur qu'il est.

Lorsqu'un manipulateur ment carrément au sujet de ses bonnes actions, ce qu'il dit avoir fait *n'est peut-être même pas proche de la* vérité. Tout comme un enfant, certains manipulateurs vivent vraiment dans la réalité qu'ils ont créée. Ils peuvent dire aux autres qu'ils ont payé les frais de scolarité de leurs enfants, qu'ils ont assisté à tous les matchs de football de leurs enfants ou qu'ils les ont aidés à rembourser leurs dettes de cartes de crédit. Cela peut être exaspérant quand la réalité est que votre enfant a bénéficié d'une bourse, que le manipulateur n'a jamais assisté à un match de football et que *vous l'*avez aidé à rembourser sa dette de carte de crédit ! Ce qui est encore plus incroyable, c'est qu'ils peuvent dire ces choses avec tant d'émotion et de conviction qu'il semble qu'ils croient vraiment à leurs propres mensonges.

5. **Attendez-vous à ce qu'ils lancent une campagne de dénigrement contre vous.** Une campagne de dénigrement est une méthode de contrôle des dommages que les manipulateurs mettent en œuvre lorsqu'ils craignent d'être pris en flagrant délit. Cependant, certains manipulateurs sont si profondément dysfonctionnels qu'ils minimisent tous leurs mauvais comportements et pensent vraiment que toute personne qui essaie de fixer des limites avec eux est cruelle et déraisonnable. Quoi qu'il en soit, une campagne de dénigrement consiste à vous faire passer pour le problème et à se faire passer pour la victime.

En ce qui concerne les relations amoureuses, les manipulateurs les plus intentionnels entament souvent une campagne de dénigrement de leur partenaire actuel avant même la fin de leur relation. Une fois la relation terminée, généralement de manière soudaine et sans raison apparente, l'ancienne cible est ébranlée d'avoir été rejetée d'une manière aussi froide et insensible. Cette douleur est déjà assez dévastatrice, mais le fait de découvrir qu'elle a été remplacée à la vitesse de l'éclair par un nouvel intérêt romantique dont le manipulateur semble si heureux rend une situation déjà dévastatrice presque insupportable, et renforce les craintes les plus profondes de la cible, qui pense que quelque chose ne tourne pas rond chez elle. Cette douleur s'accroît lorsque la cible découvre que le manipulateur répand également des mensonges éhontés à son sujet, et que des personnes que la cible pensait être des amis ou être dans son camp croient maintenant au manipulateur, le soutiennent ou veulent rester amis avec lui.

Dépeindre l'ancienne cible comme dérangée, bipolaire, drogue, alcoolique, instable et/ou mauvais parent est une forme de campagne de dénigrement assez courante. Le manipulateur crée ensuite une série de mensonges, d'exagérations, de demi-vérités, de soupçons et de fausses allégations sur le comportement de la personne visée, afin de la décrédibiliser. Souvent, la personne visée ne se rend pas compte qu'une campagne de dénigrement a été lancée jusqu'à ce qu'elle commence à subir un comportement grossier ou inhabituel de la part d'autres personnes, y compris des amis, de la famille et de son thérapeute. Les personnes qui défendent le manipulateur et cherchent à attaquer la cible sont appelées « singes volants ». Tout manipulateur, qu'il s'agisse d'un parent, d'un ami, d'un collègue, etc., peut orchestrer une campagne de dénigrement ; le résultat final pour la cible peut être d'énormes dégâts émotionnels, financiers et sociaux.

6. **Attendez-vous à ce qu'il envoie ses singes volants à votre poursuite.** L'expression « singes volants » a été reprise du film *Le Magicien d'Oz* pour décrire ceux que le manipulateur envoie attaquer la cible. En toute autre circonstance, ces singes volants pourraient être des personnes gentilles et décentes. Cependant, ils ont été convaincus, soit par la réalité délirante du manipulateur, soit par la campagne de diffamation qui a été lancée, que le manipulateur est la victime. Pour ce faire, le manipulateur omet tout ce qu'il a fait de mal, le minimise considérablement ou réécrit la réalité à un point tel qu'il prétend que tout ce qu'il a fait de mal à la cible est quelque chose que la cible lui a fait.

Les singes volants réagiront en fonction des graines que le manipulateur a semées. Ils peuvent intimider, se moquer, insulter et briser davantage la cible. Si les singes volants sont des personnes qui connaissent à la fois la cible et le manipulateur, comme des amis, des membres de la famille, leurs enfants, ils peuvent devenir rancuniers ou faire pression sur la cible pour qu'elle donne une autre chance au manipulateur. Les singes volants peuvent d'abord entrer dans la vie de la cible en prétendant qu'ils veulent être amis ou qu'ils se soucient d'elle. Ils peuvent tenter d'entrer dans la vie de la cible en prétendant être amicaux, mais leur véritable intention est d'obtenir des informations de la part de la cible.

Dans ce cas, il est essentiel que vous ne vous ouvriez pas à des personnes qui n'ont pas prouvé qu'elles étaient de votre côté et qu'elles étaient sûres sur le plan émotionnel. La seule façon de discerner qui est émotionnellement sûr et qui ne l'est pas est d'observer son comportement au fil du temps. S'ils vous blessent d'une manière ou d'une autre, par exemple en colportant des ragots, en vous taquinant sur des sujets sensibles, en partageant ce que vous leur avez dit en toute confiance ou en vous traitant avec dédain, mépris ou hostilité, ils ne sont pas sûrs sur le plan affectif. Il est particulièrement important de ne pas s'ouvrir à des personnes qui sont amies avec le manipulateur. Si vous êtes en ligne et que vous recevez des demandes d'amitié de la part d'inconnus ou de personnes qui connaissent le manipulateur, il serait sage de les refuser. Vous n'avez pas besoin de savoir quelles sont leurs intentions. Tout ce que vous devez retenir, c'est que vous ne les connaissez pas et qu'il y a de fortes chances qu'ils sèment le chaos dans votre vie. À partir de maintenant, mettez un point d'honneur à ne garder dans votre cercle intime que les personnes avec lesquelles vous vous sentez en sécurité.

En outre, faites attention à ce que vous mettez par écrit. Un manipulateur avisé ou ses singes volants peuvent tenter de vous pousser à réagir ou à donner des informations qui pourraient être utilisées contre vous. Partez du principe que tout ce que vous dites peut être et sera utilisé contre vous, que ce soit devant un tribunal ou avec d'autres personnes. Si vous êtes surveillé en ligne, ou si vous craignez de l'être, il est bon de créer de nouveaux comptes de réseaux sociaux pour rétablir un certain degré de paix et de calme dans votre vie.

7. **Attendez-vous à ce qu'il « passe l'aspirateur».** Il existe un terme appelé «hoovering» qui est utilisé pour décrire le fait qu'un manipulateur tente de reprendre contact avec la cible dans l'intention de l'aspirer à nouveau ou de l'aspirer suffisamment longtemps pour que le manipulateur puisse faire quelques commentaires haineux avant qu'elle ne reparte.

De nombreuses cibles vivent dans la crainte que le manipulateur avec lequel elles ont coupé les ponts ne refasse surface un jour ou l'autre. J'ai découvert qu'un excellent moyen de dissiper cette peur est de se pencher sur elle. Attendez-vous donc à entendre à nouveau parler de lui à un moment ou à un autre. Cela ne signifie pas que vous devez vivre dans un état d'hyper-vigilance permanente. Ce que cela signifie, c'est que maintenant que vous avez prévu d'entendre à nouveau parler de lui, vous pouvez formuler un plan sur la façon dont vous réagirez si cela devait se produire. Je vous encourage à maintenir votre bouclier émotionnel s'il vous contacte. Afin de rester fort et de maintenir vos limites, il peut être utile de rédiger une liste des raisons pour lesquelles vous avez cessé tout contact avec lui. Si vous êtes tenté de le contacter ou de répondre à ses appels, lisez votre liste.

Chapitre 21 :

Savoir qui fait vraiment partie de votre équipe

Les personnes qui font partie de votre équipe vous soutiennent par leurs paroles et leurs actions. Elles ne vous provoquent pas, ne remuent pas le couteau dans la plaie, ne cherchent pas à vous agiter, à vous maltraiter ou à semer le chaos. Si vous avez dans votre entourage des personnes qui soutiennent le manipulateur, qu'il s'agisse de membres de votre famille, d'amis, de vos enfants ou de votre thérapeute, vous feriez bien de faire attention à ce que vous dites en leur présence. Il y a de fortes chances que ce que vous dites soit utilisé intentionnellement contre vous d'une manière ou d'une autre, soit utilisé involontairement pour vous victimiser à nouveau s'ils commencent à justifier les actions du manipulateur. L'un des aspects les plus douloureux d'une relation manipulatrice est l'ensemble des dommages collatéraux qui en résultent. Il faut donc réduire les contacts avec ces personnes, limiter les sujets de conversation ou couper tout simplement les ponts avec elles. Il est très rare qu'il suffise à une personne d'éliminer le manipulateur de sa vie. En général, des changements radicaux sont nécessaires à tous les niveaux.

De nombreuses cibles se rendent compte qu'elles devront couper ou réduire considérablement leurs contacts avec ceux qui ne les soutiennent pas pleinement. Si cela décrit votre situation, sachez que vous ne réagissez pas de manière excessive ou que vous n'êtes pas trop sensible. Souvent, nous avons besoin de prendre de la distance par rapport à tous les dysfonctionnements afin de nous protéger émotionnellement et de guérir. Lorsqu'un proche reste ami avec une personne qui vous a fait du mal, par exemple, et qu'il considère la manipulation et les abus qui étaient présents dans votre relation comme rien de plus que des problèmes relationnels, il est normal et approprié d'être bouleversé par cette situation.

Si vous lisez ce livre pour tenter de mieux comprendre ce que vit un être cher, sachez que continuer à rester neutre sur ce qui s'est passé, ou continuer à être amical avec quelqu'un qui a maltraité un être cher, n'est pas un acte de compassion ou de maturité ; c'est un acte d'invalidation et de re victimisation.

Après avoir quitté une relation manipulatrice, il est utile de commencer à regarder les personnes de votre cercle proche à travers une lentille différente. Auparavant, vous les considériez peut-être sous l'angle de la relation - il s'agissait de votre frère ou de votre sœur, d'un ami, d'un parent, etc. Aujourd'hui, il est important de les considérer en termes de personnes avec lesquelles vous ne pouvez pas vous ouvrir en toute sécurité sur le plan émotionnel et de personnes avec lesquelles vous pouvez le faire, et ce, dans quelle mesure. Peu importe qu'il s'agisse de votre frère, de votre mère, de votre meilleur ami ou de votre conseiller spirituel.

Toute personne qui se range du côté du manipulateur, ou qui reste neutre en ne choisissant pas de camp, n'est pas sécurisante sur le plan émotionnel, et les chances qu'elle partage des informations avec le manipulateur sont très élevées. Au fil des ans, j'ai vu de nombreuses cibles se mettre en danger après avoir fait des pieds et des mains pour échapper à un manipulateur. L'une des principales raisons pour lesquelles cela se produit est que la cible a souvent dans son entourage des personnes qui ne comprennent pas la manipulation ou l'abus, ou à quel point le manipulateur peut être apparemment sincère et persuasif. Ces personnes, souvent bien intentionnées, finissent par faire savoir au manipulateur où se trouve la cible ou comment la contacter parce qu'elles pensaient que le manipulateur avait changé. Elles peuvent penser que le problème appartient à un passé lointain et qu'il ne devrait donc plus constituer une menace, qu'elles ont de la peine pour le manipulateur ou qu'elles pensent que la cible (ou ses enfants) devrait avoir une relation avec le manipulateur, parce que ce dernier est leur parent ou un autre membre de la famille.

Si vous avez déménagé parce que vous craignez d'être en danger, il est important de ne donner votre adresse à personne, du moins pendant les premières années. Il est préférable d'obtenir une boîte postale. Certains endroits n'autorisent pas l'utilisation d'une boîte postale comme adresse. Dans ce cas, vous pouvez utiliser l'adresse du bureau de poste. Lorsque quelqu'un me demande mon adresse, je lui donne l'adresse physique du bureau de poste ainsi que le numéro de ma boîte postale sous cette forme : 144 W. Ash Street #464. Vous remarquerez qu'il n'y a pas les mots « Boîte Postale » dans cette adresse. La raison en est que j'ai constaté que si je donne l'adresse et que j'utilise les mots « Boîte

Postale », les gens sont beaucoup plus enclins à me repousser et à me demander une autre adresse. Si je mentionne la même adresse avec une rue et un numéro, cela ressemble à un appartement et je n'ai pas de réaction négative. Si cela pose problème à quelqu'un (et c'est parfois le cas des entreprises), répétez que c'est la seule adresse dont vous disposez.

Les personnes qui font partie de votre équipe ont toujours votre intérêt à l'esprit, et pas seulement lorsque vous êtes là ou lorsqu'elles veulent quelque chose. Elles peuvent être amicales, écouter et agir avec sympathie, mais si elles vous perturbent régulièrement, vous disent des choses blessantes - ou à d'autres personnes à votre sujet -, on ne peut pas leur faire entièrement confiance. Celles qui n'ont jamais été victimes d'une telle manipulation malveillante ou d'un tel abus auront du mal à comprendre les efforts que vous déployez pour vous protéger. Et celles qui vous croient, mais qui continuent à remuer le couteau dans la plaie en vous tenant au courant de toutes les bonnes choses qui se passent dans la vie du manipulateur, se montrent insensibles et blessantes. Si vous vous êtes affirmé et que vous leur avez dit que vous ne vouliez plus entendre parler du manipulateur et qu'elles continuent à ignorer vos demandes, elles ne respectent pas vos limites et ne sont pas des amis.

Lorsque les cibles se rendent compte qu'elles doivent commencer à sortir les personnes qui font partie de leur cercle intime, elles éprouvent souvent un mélange de tristesse, d'anxiété, de chagrin et de peur de l'isolement. C'est normal. Après tout, il s'agit d'une perte considérable et il est douloureux de se rendre compte que les personnes que l'on croyait solidaires ne le sont peut-être plus. J'entends souvent d'autres personnes dire que si elles se débarrassaient de toutes les personnes problématiques dans leur vie, il ne resterait plus personne. Soyons clairs : si les seules personnes que vous avez dans votre vie sont problématiques, il n'y a de toute façon pas de véritable soutien. Croire le contraire n'est qu'un faux sentiment d'abondance et de sécurité. C'est comme si vous aviez un réfrigérateur rempli de nourriture avariée et que vous essayiez de vous convaincre que vous avez assez à manger. La bonne nouvelle, c'est qu'une fois que vous avez fait le point sur les personnes qui font ou ne font pas partie de votre équipe, vous pouvez commencer à cultiver de nouvelles amitiés plus positives.

Mauvais conseils bien intentionnés. Les personnes de votre entourage peuvent vous revictimiser involontairement en vous donnant de mauvais conseils bien intentionnés. C'est un problème que j'ai abordé dans d'autres parties du livre, mais que je vais détailler ici. J'approfondis les différents types de mauvais conseils bien intentionnés dans mon livre *Out of the Fog.*

Ce qui rend ces conseils si préjudiciables, c'est qu'ils ne s'inscrivent pas dans un contexte de limites saines et risquent donc d'être dysfonctionnels, tout en étant présentés non seulement comme la vérité, mais aussi comme une façon saine de penser et d'agir. Si vous recevez de mauvais conseils bien intentionnés, vous pouvez vous sentir confus et contrarié, mais vous n'êtes peut-être pas en mesure d'en déterminer la raison. Si vous savez pourquoi, vous risquez de douter de vos limites. Les mauvais conseils bien intentionnés ne manquent pas et il est important que vous puissiez les voir pour ce qu'ils sont afin qu'ils ne vous fassent pas dérailler. Vous trouverez ci-dessous cinq des mauvais conseils les plus courants et les plus préjudiciables que les cibles et les anciennes cibles ont tendance à rencontrer. Il ne s'agit là que d'un aperçu des principaux, mais il en existe bien d'autres.

Voici quelques-uns des mauvais conseils les plus courants qui, bien intentionnés, maintiennent les gens dans un brouillard de dysfonctionnement et de manipulation :

1. **Les personnes blessées blessent les autres.** Bien que cela soit vrai, il s'agit en réalité d'une façon simpliste de comprendre un comportement blessant. Il y a beaucoup d'autres facteurs en jeu en dehors de ce qui est arrivé à une personne dans son passé. Après tout, nous avons tous été blessés d'une manière ou d'une autre. Toutes les personnes qui ont été blessées ne font pas de mal aux autres. Il y a beaucoup plus de gens qui ont été violemment blessés et qui ne continuent pas à faire du mal aux autres. Ce n'est pas parce qu'une personne est blessée qu'elle peut en quelque sorte se justifier de maltraiter les autres. En outre, il arrive que les gens ne blessent pas les autres parce qu'ils ont été blessés - parfois, ils blessent les autres parce qu'ils se sentent autorisés à le faire, parce que la société ou la culture le soutient et l'encourage, ou tout simplement parce que c'est amusant. Les propriétaires d'esclaves n'ont pas battu, violé, torturé, vendu ou tué leurs esclaves parce qu'ils avaient eu une enfance difficile. Ils l'ont fait parce qu'ils n'y voyaient rien de mal, et pire encore, des dizaines de milliers d'autres personnes, y compris la loi, n'y voyaient rien de mal non plus.
2. **L'engagement demande du travail.** Lorsqu'une personne s'engage à rester mariée jusqu'à ce que « la mort nous sépare », elle le fait sur la base des

autres critères mentionnés plus tôt dans la cérémonie, qui incluent l'amour et l'honneur de son partenaire. Il n'est pas raisonnable de dire qu'une personne devrait être censée respecter ce contrat même si l'autre partie l'a rompu. Comme pour tout autre contrat, si les conditions ne sont pas respectées, le contrat n'est plus contraignant.

Par exemple, vous êtes à la recherche d'un logement et vous trouvez la maison de vos rêves. Le vendeur vous dit que la maison est exempte de moisissures. Vous faites inspecter la maison, et il s'avère que non seulement la maison est pleine de moisissures, mais que le vendeur a menti à ce sujet et a essayé de les dissimuler avec de la peinture. Vous seriez tout à fait en droit de rompre le contrat et de ne pas acheter la maison, parce que les informations fournies n'étaient pas exactes. Même si vous achetiez la maison et découvriez des années plus tard que le vendeur avait tenté de dissimuler les moisissures, vous pourriez toujours le poursuivre en justice. Il serait ridicule que quelqu'un attende de vous que vous respectiez ce contrat, conclu sous de faux prétextes, en insistant sur le fait qu'il s'agit d'une situation normale et réalisable, car l'accession à la propriété demande de l'engagement et du travail.

Alors oui, si l'engagement demande du travail, il demande un certain type de travail : passer du temps de qualité ensemble, améliorer la communication, construire l'intimité et travailler plus efficacement en équipe. Lorsque l'expression « l'engagement demande du travail » est mal appliquée afin de pousser quelqu'un à rester dans un mariage dysfonctionnel avec un conjoint manipulateur, il s'agit non seulement d'un manque de respect envers la personne manipulée, mais aussi envers l'institution du mariage.

3. **Ils font de leur mieux ; vous devriez être plus compatissant**. Faire preuve de compassion signifie se préoccuper de la souffrance d'autrui. Cependant, il est inapproprié, insensible et revictimisant de dire à une victime qu'elle devrait se préoccuper de la souffrance de son agresseur. La cible doit se concentrer sur sa propre guérison, ce qui l'amènera à surmonter de nombreux sentiments, tels que la colère face à la façon dont elle a été traitée, la tristesse pour la relation qu'elle espérait avoir et le remords pour tout le temps qu'elle a passé à essayer de faire fonctionner cette relation. Il est profondément blessant et invalidant pour quiconque d'essayer de pousser une personne à ressentir autre chose que ce qu'elle ressent.

En outre, même si la personne visée éprouve de la compassion pour la personne qui l'a blessée, cela ne signifie pas qu'elle doive la laisser revenir dans sa vie. Donner à une personne blessante une nouvelle chance de l'être n'est pas faire preuve de compassion, c'est un signe de mauvaises limites. Le Dali Lama l'a bien dit : «Si votre compassion ne vous inclut pas vous-même, elle est incomplète.»

4. **Vous ne pouvez pas guérir tant que vous n'avez pas pardonné.** Ce mauvais conseil bien intentionné suit de près le point précédent concernant la nécessité pour les cibles d'avoir de la compassion pour ceux qui les ont blessées. Je n'aime pas beaucoup le mot « pardon », car il est souvent mal utilisé et mal appliqué, ce qui a souvent des conséquences désastreuses. Pardonner à une autre personne ne signifie pas que nous devons être d'accord avec ce qui s'est passé ou que nous devons laisser la personne blessante revenir dans notre vie. Le véritable sens du pardon est de libérer la colère que nous entretenons à l'égard de la personne fautive afin qu'elle ne détruise pas notre vie. Cependant, la libération de la colère n'est pas un événement, c'est un processus - et pour beaucoup, ce processus prend des années ou des décennies - et certains ont tellement souffert qu'ils sont à peine capables de passer la journée, et encore moins de travailler sur leur colère. Et pour d'autres, ils peuvent craindre de travailler sur leur colère, car c'est la principale chose qui empêche le manipulateur d'entrer dans leur vie et, par conséquent, de les protéger. La guérison d'un traumatisme est un processus qui diffère pour chacun d'entre nous et qui est différent pour chaque expérience traumatisante que nous vivons. Personne ne peut décider de ce qui est ou n'est pas traumatisant pour une autre personne, de ce qu'elle doit ressentir, de la manière dont elle doit procéder pour guérir ou du temps qu'il lui faut pour guérir.

Lorsque quelqu'un tente d'aider une personne qui souffre à se sentir mieux en lui disant des choses telles que « Pour guérir, tu dois lui pardonner », « Sois compatissant, il a eu une enfance difficile » ou « Regarde le bon côté des choses - cela aurait pu être pire », cette personne peut penser qu'elle dit ces choses parce qu'elle se soucie des autres. En réalité, ces affirmations (invalidantes) sont prononcées parce que l'on n'aime pas voir un être cher bouleversé, ce qui revient à dire à une personne bouleversée de se calmer. Se soucier d'une personne et ne pas vouloir la voir bouleversée sont deux choses différentes. Cependant, comme la société ne nous apprend pas à gérer les émotions désagréables, les nôtres ou celles des autres, nous ne savons souvent pas comment montrer à quelqu'un que nous nous soucions de lui, si ce n'est en essayant de l'aider à se sentir mieux. Lorsque quelqu'un essaie de nous faire ressentir autre chose que ce que nous ressentons actuellement, nous ne nous sentons pas mieux, mais nous nous sentons invalidés, enragés ou gênés de ressentir ce que nous ressentons. Ce n'est pas ce dont une personne qui souffre a besoin. Ce qui est utile, c'est de lui donner la possibilité de ressentir ce qu'elle ressent et de travailler sur ces sentiments au fur et à mesure qu'ils apparaissent.

Être consumé par le chagrin peut donner l'impression d'être au milieu de l'océan la nuit. Chaque émotion fait surface comme une vague géante, invisible, qui nous prend au dépourvu, nous martèle et nous enfonce par son intensité, nous laissant craindre de ne pas pouvoir refaire surface et, si nous y parvenons, de ne pas pouvoir résister à la suivante. Avec le temps et le soutien, le soleil se lève, l'océan devient moins écrasant et ces vagues diminuent en force et en fréquence. Les personnes qui ont guéri d'un traumatisme, quel qu'il soit, ne se sont jamais « remises » de l'impression qu'elles avaient d'être obligées d'aller sur le site pour faire face à chacun de leurs sentiments au fur et à mesure qu'ils remontaient à la surface. Cela signifie qu'elles ont accepté, dans une certaine mesure, que ces vagues sont une partie normale de l'océan qu'est le chagrin, et qu'elles sont désormais mieux à même de les voir arriver et de les surfer jusqu'au rivage.

CHAPITRE 22 :

Comprendre comment vous gérez les conflits et le stress

Afin de développer des stratégies efficaces pour interagir avec des personnes difficiles, il peut être utile de mieux comprendre comment le cerveau humain réagit en cas de stress.

Nous pensons souvent que nous n'avons qu'un seul cerveau, mais en réalité, nous en avons trois qui ont évolué au fil du temps. Ces trois cerveaux sont connus sous le nom de « cerveau reptilien », « cerveau mammalien (ou canin) » et néocortex ou « nouveau cerveau ». Le « cerveau reptilien » est le plus ancien. Il est responsable de toutes les activités qui nous maintiennent en vie, telles que les défenses de lutte, de fuite et d'immobilisation, ainsi que de la régulation de notre température, de notre appétit, de notre respiration et de nos désirs sexuels. Le « cerveau mammalien » est la plus grande partie de notre cerveau et le siège de nos émotions. Il a notamment pour fonction de porter des jugements de valeur et de se souvenir des expériences agréables et désagréables. Le néocortex est la partie la plus récente de notre cerveau et c'est ce qui nous différencie des autres mammifères. Il contrôle le langage, la parole, la pensée abstraite et notre capacité à anticiper et à planifier l'avenir.

Lorsque nos défenses de lutte, de fuite ou d'immobilisation sont activées, notre néocortex, c'est-à-dire la partie pensante de notre cerveau, est fortement diminué, voire complètement déconnecté, et notre comportement est alors guidé par les parties reptilienne et mammalienne de notre cerveau. Nous sommes alors impulsifs, réactifs ou incapables de bouger ou de parler. Il n'est pas nécessaire d'être confronté à une menace majeure pour se sentir ainsi. Un discours, un premier rendez-vous ou une personne que nous trouvons intimidante peuvent tous déclencher ces défenses. Lorsque nous sommes en mode de combat ou de fuite, nous ne pensons pas clairement, voire pas du tout.

Une fois que vous aurez compris comment vous avez tendance à gérer le stress et la pression, votre vie commencera à changer radicalement, en particulier lorsque vous serez en mesure de développer des moyens de réaction plus efficaces. Chacun gère différemment les conflits, les confrontations, la peur et le stress. Cependant, lorsqu'une menace est perçue, nous avons tendance à réagir en mode combat, fuite, immobilisation ou « ami », la première réaction étant généralement l'immobilisation. Comprendre ce que l'on ressent et comment on se comporte normalement lorsqu'on se met en état de lutte, de fuite ou d'immobilisation peut être très instructif. J'espère également que cela vous permettra de faire preuve d'autocompassion lorsque vous ne gérez pas les situations stressantes comme vous le souhaiteriez.

Combattre, fuir, s'immobiliser et s'amuser

Mode immobilisation. En ce qui concerne les manipulateurs, nous avons tendance à nous figer lorsqu'ils disent ou font quelque chose qui nous déstabilise. Par exemple, ils peuvent faire une demande inappropriée, faire un virage à 180 degrés et passer de la gentillesse à la méchanceté, ou passer de la méchanceté à la gentillesse ou à la prévenance. Lorsque cela se produit, notre cerveau essaie de traiter un grand nombre d'informations contradictoires. Comme un ordinateur qui essaie de traiter plus de données qu'il n'est capable de le faire, toute l'énergie de notre cerveau est utilisée pour comprendre ce qui se passe et pourquoi. Le résultat est que nous nous sentons abasourdis, à court de mots et potentiellement incapables de bouger. Si nous parvenons à dire ou à faire quelque chose, la peur peut prendre le dessus et nous nous retrouvons à vouloir plaire en acceptant des demandes ou des exigences que nous n'aurions pas acceptées si nous n'avions pas été déstabilisés. Les personnes qui cherchent à plaire sont connues pour dire oui par défaut parce qu'elles ne sont pas à l'aise avec les conflits ou les confrontations de quelque nature que ce soit.

Mode fuite. Lorsque nous passons en mode fuite, nous ne sommes ni raisonnables ni rationnels. Lorsque la panique s'installe, nous nous précipitons et cherchons à nous enfuir par tous les moyens. Pensez à la réaction d'un cerf lorsqu'il est surpris. Il se met à courir et ne s'arrête pas tant que la peur ne s'est pas dissipée. Lorsqu'il court, il se préoccupe moins de ce qui se trouve devant lui ou de l'endroit où il va que de s'éloigner de ce qu'il a trouvé menaçant, ce qui explique qu'il puisse se heurter à la circulation. Les gens se comportent de la même manière. Au lieu de courir à travers la forêt, nous pouvons fuir d'un grand nombre de façons. Lorsque la panique s'installe, nous pouvons quitter la pièce, changer de sujet, éviter la personne ou la situation, ou nous pouvons chercher à nous échapper en regardant la télévision, en faisant du shopping, en consommant de la drogue ou de l'alcool, en jouant à l'ordinateur, en travaillant, etc.

Mode combat. Lorsque le mode combat s'installe, notre cerveau « rétrograde » et nos instincts primaires prennent le dessus, tandis que les parties du cerveau consacrées à la pensée critique, à l'empathie et aux remords sont déconnectées. Il est également utile de remarquer quand d'autres personnes (en particulier le manipulateur dans votre vie) sont en mode de combat, de fuite ou d'immobilisation, afin d'adapter votre comportement en conséquence. Par exemple, vous ne devez pas essayer de raisonner quelqu'un qui est en mode combat. Son cerveau est déconnecté et il fonctionne à l'adrénaline et à ses émotions. En outre, lorsque quelqu'un est en mode combat, les parties du cerveau qui contrôlent l'empathie, le désir de se connecter et de se lier aux autres ou de trouver une solution ne sont pas présentes, surtout si la personne se montre agressive à votre égard. Il est donc important de ne pas s'attendre à ce qu'une personne agressive soit logique, raisonnable ou attentionnée dans ces moments-là. Je ne dis pas qu'il faut mieux tolérer ce genre de comportement, je dis qu'il faut voir son comportement clairement afin de pouvoir prendre les mesures d'autoprotection nécessaires.

Mode « ami ». Le mode «ami» n'est pas un moyen de défense standard comme la lutte, la fuite ou l'immobilisation, mais c'est ce que font de nombreuses personnes qui cherchent à plaire aux autres pour tenter de surmonter des situations stressantes. Lorsqu'une personne passe en mode « ami », sa voix a tendance à devenir plus aiguë, elle devient trop flatteuse et est prompte à adopter un rôle de soumission, cédant ainsi aux exigences de la personne qu'elle trouve intimidante. L'auteur Pete Walker est le premier à avoir identifié ce mode « ami », bien qu'il le qualifie de « ramper » (comme dans le fait de se prosterner devant quelqu'un). Je trouve que sa vision de ce mode de défense est tout à fait pertinente et qu'elle s'adresse à tous ceux qui font plaisir aux gens et qui risquent d'adopter par défaut le mode « freeze-and-friend » (s'immobiliser et faire ami) au lieu du mode « fight-or-flight » (combattre ou fuir).

Examiner votre comportement par défaut. Maintenant que vous connaissez les différentes façons de gérer le stress par défaut, il est temps d'examiner ce qui déclenche chacune de ces défenses en vous. Bien que ces défenses soient une réaction qui nous prend souvent au dépourvu, avec suffisamment de conscience de soi et d'entraînement, vous pouvez modifier votre comportement pour devenir plus réactif. Cela ne signifie pas que vous ne ressentirez plus de panique, mais que vous serez mieux à même de canaliser cette peur dans une action constructive.

Il est utile de réfléchir aux différentes réactions que vous avez eues dans le passé afin de vous familiariser avec vos réactions par défaut et d'élaborer un plan en conséquence. Par exemple, si vous avez tendance à vous figer et à ne rien trouver à dire, un bon plan consistera à intégrer cette connaissance. Cela peut signifier que votre plan doit inclure un peu de distance et d'espace afin que vous puissiez sortir du mode figé et que votre cerveau puisse se remettre en marche. Un bon moyen d'y parvenir est d'aller à la salle de bains et de se passer de l'eau froide sur les mains, ce qui peut vous aider à revenir au moment présent. Vous pouvez toujours revenir en arrière et aborder le problème qu'ils ont ou que vous avez une fois que vous vous sentez plus centré. Il peut être utile de le faire par courrier électronique afin d'avoir une trace écrite et d'éviter qu'ils ne vous prennent continuellement au dépourvu.

L'autre option consiste à s'entraîner et à préparer une réponse différente à l'avance. Cette stratégie peut être efficace, mais je vous recommande vivement de vous entraîner d'abord à travailler autour de ce que vous savez de vos défenses par défaut. Si vous décidez de vous entraîner à réagir différemment, il peut être utile de le faire avec un ami ou un thérapeute en qui vous avez confiance. Veillez à inclure dans votre jeu de rôle des choses que le manipulateur pourrait dire pour vous déstabiliser, et trouvez des réponses tout en restant aussi cool, calme et posé que possible. C'est en s'exerçant sous pression que les pompiers, les équipes médicales d'urgence et d'autres types de secouristes s'entraînent comme ils le font. En effet, même si nous connaissons bien nos compétences, la façon dont nous pensons agir en cas de crise et la façon dont nous agissons réellement sont souvent très différentes. Il est important d'acquérir les compétences, mais il est également important de s'entraîner à réagir correctement afin d'éviter de tomber dans l'inaction ou la réaction.

Chapitre 23 :

Comprendre ses vulnérabilités

Au cœur de chaque action que nous entreprenons, il y a une sorte de besoin que nous essayons de satisfaire. Cependant, *ces besoins se situent souvent en dessous de notre niveau de conscience.* Plus nous parvenons à faire remonter nos motivations cachées à la surface, plus nous avons de chances de briser les schémas problématiques.

Le psychologue Abraham Maslow a classé une variété de besoins humains dans une hiérarchie à cinq niveaux. Cette hiérarchie est généralement représentée sous la forme d'une pyramide, mais elle fonctionne davantage comme une échelle, le niveau 1 se situant en bas et le niveau 5 en haut. Voici ces cinq niveaux en détail :

Niveau 1 : Besoins physiologiques de nourriture, de vêtements, de sommeil et d'abri.

Niveau 2 : Les besoins de sécurité, qui comprennent la sécurité, la stabilité, le sentiment de contrôle, l'ordre et l'absence de peur.

Niveau 3 : Besoins d'amour et d'appartenance, qui comprennent l'amitié, l'intimité, la confiance et un sentiment de connexion.

Niveau 4 : Besoins d'estime, tels que la réussite, l'indépendance et le désir d'être respecté par les autres.

Niveau 5 : Besoins d'accomplissement personnel, qui comprennent l'épanouissement personnel et le désir d'atteindre son plein potentiel.

Nous ne pouvons pas gravir les échelons de cette hiérarchie tant que nos besoins les plus fondamentaux ne sont pas satisfaits. Par exemple, si une personne est en train de divorcer, ses besoins d'abri, de stabilité, de sentiment de connexion, d'amour et d'appartenance seront très probablement incertains. Ces besoins se situent tous aux niveaux un, deux et trois. Par conséquent, l'attention de la personne sera portée sur la satisfaction de ces besoins avant qu'elle ne puisse se concentrer sur ses besoins de niveau quatre et cinq, à savoir le renforcement de son estime de soi ou l'amélioration de son développement personnel.

Je trouve utile de considérer la hiérarchie de Maslow dans le sens plus général de « réservoirs » qui doivent être remplis. Ainsi, nous avons les réservoirs pour nos besoins physiques (nourriture, vêtements, abri), nos besoins émotionnels (affection, attention, importance), nos besoins de sécurité et de stabilité (l'assurance que nos besoins physiques et émotionnels continueront d'être satisfaits de manière cohérente et prévisible), nos besoins d'estime (confiance en soi, auto direction, valeur personnelle) et nos besoins d'accomplissement personnel (s'efforcer de devenir le meilleur de soi-même).

Lorsqu'un (ou plusieurs) de nos besoins n'est pas satisfait, le réservoir se vide. Dans ce cas, nous nous précipitons pour essayer de le remplir, même si nous ne nous en rendons probablement pas compte. Après un changement majeur dans notre vie, comme un divorce ou un décès, on peut nous conseiller de ne pas prendre de décisions importantes. La raison en est que nous n'avons pas les idées claires, *mais nous ne nous en rendons pas compte.* Toute décision prise à ce moment-là sera souvent une tentative impulsive de satisfaire ces besoins fondamentaux, ce qui se traduit souvent par une mauvaise prise de décision.

Le degré de vacuité du réservoir d'une personne est directement proportionnel au degré de confusion dans lequel elle se trouve... et plus le réservoir est vide, plus le jugement est mauvais. Lorsque nous sommes dans la confusion, notre pensée passe de la rationalité à la *rationalisation,* ce qui est un problème.

Nos réservoirs se remplissent et se vident continuellement au cours de notre vie. Une personne peut commencer sa vie avec des parents qui, pour un certain nombre de raisons, n'ont pas été en mesure de répondre à ses besoins (remplir son réservoir) de manière efficace. Le parent a peut-être lutté contre une dépendance ou une maladie mentale non traitée, il était peut-être un bourreau de travail ou, pour quelque raison que ce soit, il n'était pas en mesure d'être émotionnellement ou physiquement disponible pour son enfant dans la mesure où celui-ci en avait besoin. *Si un enfant commence sa vie avec un réservoir faiblement rempli ou vide, il le gardera à l'âge adulte.* Lorsque vous entendez parler de blessures dans l'enfance, ces blessures proviennent de réservoirs qui n'ont pas été remplis - ou, dans le cas d'un événement traumatisant, ces réservoirs ont été vidés. Cependant, comme nos réservoirs ont besoin d'être continuellement remplis et surveillés, ils peuvent aussi se vider plus tard dans la vie. Ainsi, une personne peut avoir eu une enfance merveilleuse, puis un événement traumatisant (comme le décès de son conjoint, une faillite, une saisie, un divorce, la perte d'un emploi ou même l'atteinte d'un certain âge) peut faire baisser le niveau de ses réservoirs et conduire à son comportement.

Voici quelques exemples de réservoirs vides courants et les types de rationalisation qui les accompagnent :

Le réservoir des besoins affectifs : Une personne grandit en se sentant mal aimée ou sans importance, ce qui la rend vulnérable à ce que l'on appelle le « love bombing » (bombardement d'amour) et aux relations amoureuses, amicales et professionnelles tourbillonnantes que les manipulateurs émotionnels créent. Elles se retrouveront très probablement dans une série d'amitiés et de relations unilatérales avec des manipulateurs émotionnels qui les considèrent comme acquises, les maltraitent et/ou les exploitent. La cible peut accepter de rester dans cette dynamique parce que, lorsque le manipulateur émotionnel est si attentif et affectueux (sans parler de son charme !), le réservoir des besoins émotionnels de la cible déborde.

Réservoir des besoins de sécurité et de stabilité : Une personne déménage souvent lorsqu'elle est enfant et a maintenant besoin de stabilité à l'âge adulte, même si le prix à payer pour cette stabilité est de rester dans une relation, une amitié ou même un emploi malsain. Cela signifie généralement que la situation doit devenir intolérable ou dangereuse avant qu'elle ne soit prête à partir. Lorsque nous avons peur, nous nous accrochons à ce que nous connaissons pour rester en sécurité dans l'instant, même si ce que nous pensons être sûr est en fait dangereux à long terme. Le résultat est que nous pensons que c'est le seul et unique emploi/amitié/relation où nous pouvons satisfaire ce besoin, et nous devenons paniqués à l'idée de perdre ce que nous avons.

Si nous ne nous efforçons pas d'identifier et de remplir nos réservoirs vides de manière saine, nous aurons du mal à identifier et à fixer des limites avec les personnes et les situations problématiques. Nous risquons alors de nous sentir impuissants à éviter d'être blessés et de commencer à nous isoler pour tenter de rester en sécurité.

Examiner ses vulnérabilités. Lorsque nos réservoirs restent bas ou vides pendant une longue période, ils deviennent des vulnérabilités qui déterminent notre comportement et influencent négativement notre prise de décision, sans même que nous nous en rendions compte. Lorsque nous ne parvenons pas à faire la différence entre le comportement émotionnellement ou physiquement sûr et le comportement dangereux des autres, nous ne tenons pas compte des signaux d'alarme et nous supposons de bonnes intentions alors qu'il n'y en a pas. En conséquence, nous faisons sans le savoir le jeu des prédateurs en leur donnant de multiples occasions de nous faire du mal, alors qu'une personne capable de discerner ces différences prend immédiatement ses distances. Je ne dis pas cela pour vous effrayer, mais pour vous préparer.

N'oubliez pas que la manipulation n'est efficace que si nous ne la voyons pas pour ce qu'elle est et que nous ne savons pas comment y répondre une fois qu'elle a commencé. Nous aurons toujours des vulnérabilités, qui évolueront en même temps que nous, et il est donc important que nous les évaluions en permanence. Avoir des vulnérabilités n'est pas une mauvaise chose ; cela fait partie de l'être humain et nous aide à faire preuve d'empathie à l'égard des autres. *Nos vulnérabilités deviennent un problème lorsque nous n'en sommes pas conscients, qu'elles déterminent notre comportement et que nous ne pouvons pas savoir quand elles sont exploitées.*

Par exemple, après avoir été victime d'abus émotionnels et psychologiques, j'ai créé un groupe de soutien en ligne pour aider les autres. Au départ, je m'attendais à ce qu'il n'y ait que quelques dizaines de personnes au maximum. Notre groupe a dépassé ce nombre dès le premier jour. Cinq ans plus tard, nous comptons plus de cinquante mille membres et le groupe reçoit en moyenne plus de 150 000 réponses par mois. Si je mentionne cela, c'est parce qu'il faudrait vraiment que j'aie la tête dans le sable pour ne pas voir apparaître des schémas de comportement. L'un des plus grands schémas que j'ai observés est que les membres se retrouvent souvent avec de nombreuses personnes problématiques qui les manipulent, les trompent, les volent ou les maltraitent avant de pouvoir se libérer une fois pour toutes.

Le facteur principal est qu'ils continuent à mal interpréter et à passer sous silence le comportement des autres et qu'ils ont du mal à respecter la norme qui consiste à être traité avec dignité et respect. Peut-être ont-elles été maltraitées ou négligées dans leur enfance et, par conséquent, le fait d'être traitées avec un manque de dignité ou de respect et de passer continuellement sous silence un comportement problématique est normal et n'est pas perçu comme le problème majeur qu'il est. Peut-être ont-elles été dans une relation abusive auparavant, mais parce qu'elles ont peur d'être seules ou de manquer un bon partenaire, elles considèrent que toutes les inquiétudes qu'elles ont concernant le comportement des autres sont dues au fait qu'elles sont hyper-vigilantes à cause de leur dernière relation, et elles sont promptes à rejeter toutes les inquiétudes qu'elles ont.

Ce que je préfère dans l'animation de ce groupe, c'est de voir les gens reprendre confiance en eux et cultiver un bon niveau de discernement lorsqu'il s'agit des autres. Le chapitre suivant sur les limites, les normes et les facteurs de rupture aborde ce sujet de manière beaucoup plus approfondie.

S'il est utile de comprendre les manipulateurs et les manipulations courantes, *la chose la plus bénéfique que vous puissiez faire est d'examiner quels sont vos besoins non satisfaits. Si ces besoins insatisfaits ont été exploités dans le passé, il est essentiel d'examiner ce qui vous a attiré.*

En effet, si ces points faibles vous sont encore inconnus, il y a de fortes chances qu'ils guident inconsciemment votre comportement et que vous couriez le risque d'être exploité de la même manière à l'avenir. Je dis cela parce que je vois beaucoup de personnes sur le chemin de la guérison devenir hyper concentrées sur la compréhension des narcissiques ou des sociopathes, pensant que s'ils peuvent tout comprendre à leur sujet, cela les mettra à l'abri. Comprendre les personnes et les comportements problématiques ne vous protègera que jusqu'à un certain point. C'est dans la compréhension de *soi* que réside votre pouvoir et que vous serez vraiment libéré.

CHAPITRE 24 :

Examiner l'estime de soi et les traits de personnalité fréquemment exploités

Le terme « faible estime de soi » suscite de nombreuses pensées et idées différentes. Certaines personnes pourraient penser que si une personne a une faible estime de soi, cela signifie qu'elle n'aime pas ce qu'elle voit dans le miroir, ou qu'elle manque de confiance en elle et ne se sent pas bien dans sa peau. Cependant, une faible estime de soi va bien au-delà de ce que nous pensons consciemment de nous-mêmes - il s'agit de la façon dont nous nous traitons et des normes que nous établissons pour savoir comment nous pensons mériter d'être traités.

J'ai rencontré d'innombrables cibles qui pensent avoir une bonne estime d'elles-mêmes. Elles ont une vision précise d'elles-mêmes, de leurs forces et de leurs faiblesses, et se sentent globalement bien dans leur peau. Cependant, comme elles ne se détestent pas, elles ne voient pas en quoi leur estime de soi pourrait expliquer pourquoi elles continuent à fréquenter des personnes manipulatrices ou abusives. La vérité est qu'une grande partie de l'estime de soi saine consiste à traiter notre temps, notre énergie, notre argent, notre corps et notre espace avec valeur, à savoir quand et comment fixer des limites à ce qui nous nuit et à ne pas rester dans une situation potentiellement dangereuse en attendant que la personne nous fasse du mal (ou qu'elle ait la preuve concrète qu'elle nous fait du mal) avant de partir.

En outre, même si la personne visée avait une bonne estime d'elle-même avant d'entrer en contact avec un manipulateur, il y a de fortes chances que son estime de soi ait été endommagée d'une manière dont elle n'est pas encore consciente. Cependant, à la fin de ce chapitre, vous aurez pris un bon départ dans l'identification de certains domaines clés qui pourraient nécessiter une certaine attention.

Les deux principaux types d'estime de soi

Il existe deux types d'estime de soi : le type 1 et le type 2.

Une personne ayant une estime de soi de type 1 s'attend à être traitée avec dignité et respect, et estime que rien ne justifie que les autres la traitent mal. Si une autre personne s'emporte contre elle ou la traite mal de quelque manière que ce soit, elle n'accepte aucune justification d'avoir été maltraitée. Peu importe que l'autre personne ait eu une mauvaise journée, qu'elle ait eu une enfance difficile ou qu'elle ait été frustrée ou en colère contre elle. Si quelqu'un la maltraite, elle s'affirme et fait connaître ses limites. Elle s'attend également à ce que l'autre personne soit responsable des mauvais traitements qu'elle leur a infligés. Si l'autre personne continue à la maltraiter, elle prend ses distances. Elle s'estime elle-même et ne passe pas son temps à essayer de justifier sa valeur auprès des agresseurs ou de toute autre personne qui ne la voit pas.

Une personne ayant une estime de soi de type 2 justifie le fait d'être maltraitée par les autres. Elle a souvent l'impression d'être considérée comme acquise et de ne pas être aimable. Lorsque les autres la maltraitent, elle pense que c'est sa faute et s'efforce de changer son comportement pour que la relation fonctionne. Cependant, tous ces efforts semblent ne rapporter que des miettes de gentillesse, d'honnêteté ou de loyauté de la part des autres - si tant est qu'il y en ait. Au fond d'elle-même, elle ne se sent pas aimable et, pour cette raison, elle s'accroche à n'importe quelle relation, aussi insatisfaisante ou abusive soit-elle, parce qu'elle pense que c'est le mieux qu'elle puisse faire. Elle confond sa gentillesse avec l'absence de limites et ne comprend pas pourquoi on la prend continuellement pour acquise alors qu'elle est si aimante, indulgente et attentionnée. Elle a souvent des fous et des agresseurs dans sa vie, ce qui ne fait que renforcer sa faible estime de soi et son sentiment d'inutilité et d'impuissance.

Connaître le type d'estime de soi que vous avez ou avez eu peut être très révélateur et peut contribuer grandement à vous libérer.

Trois conséquences d'une faible estime de soi

1. **Doute permanent de soi.** Si vous doutez de votre jugement et de votre perception des gens et des situations, il y a de fortes chances que vous vous tourniez vers les autres pour savoir ce que vous devez penser, ressentir ou

comment vous devez agir. C'est ainsi que les gens ont tendance à s'engager dans une série de relations abusives. Elles doutent d'elles-mêmes, pensent que les doutes qu'elles éprouvent à l'égard de quelqu'un sont dus à leur syndrome de stress post-traumatique ou à des relations antérieures avec des agresseurs, puis demandent à l'agresseur ou à leur entourage de les rassurer. Ne pas pouvoir se fier à sa perception des autres ou des événements est un problème, surtout si la nouvelle personne est manipulatrice ou abusive.

Si vous n'êtes jamais sûr de vous et que vous avez besoin de la validation ou de la direction des autres, il y a fort à parier qu'il se passera l'une des deux choses suivantes : soit vous serez continuellement anxieux et craintif lorsqu'il s'agira de prendre une décision, soit vous regretterez perpétuellement d'avoir écouté ce que quelqu'un d'autre pensait que vous deviez faire. *Vous devez vous connaître vous-même pour être vous-même.* Il est essentiel de devenir votre propre conseiller et de suivre votre propre voie, car au fond de vous, vous savez ce qui est le mieux pour vous. Vous le savez vraiment. Vous pouvez demander l'avis des autres, mais il est essentiel que vous soyez capable de vous forger votre propre opinion. Apprendre à se valider soi-même prend du temps, mais c'est possible. Il est utile de commencer par prendre de petites décisions, de se rappeler que l'on contrôle le rythme et que l'on peut prendre ses distances lorsque c'est nécessaire. En outre, il est utile de penser à une personne que vous connaissez depuis un certain temps et avec laquelle vous vous sentez en sécurité (peut-être un frère ou une sœur, un membre de la famille, un ami ou un thérapeute en qui vous avez confiance). Pensez à ce que vous ressentez en sa présence et utilisez ce sentiment pour vous rappeler que vous n'êtes pas toujours anxieux en présence de personnes.

2. **Faible degré d'autoprotection.** Si vous placez continuellement votre sécurité et votre santé mentale en dernier, ou si vous ne pouvez pas dire quand vous êtes maltraité ou en danger, ce n'est pas seulement un problème, c'est incroyablement dangereux. C'est particulièrement le cas si les autres personnes dont vous faites une priorité sont manipulatrices ou abusives. Tous les animaux ont des instincts de protection et seraient facilement éliminés par des prédateurs s'ils n'en avaient pas. Les humains ne sont pas différents.

Voici quelques signes indiquant que votre capacité à vous protéger a besoin d'être améliorée :

- Vous ne pouvez pas faire la différence entre une personne sûre et une personne dangereuse.
- Vous n'hésitez pas à franchir toutes les limites si quelqu'un est gentil, séduisant, amical ou drôle.
- Vous faites entièrement confiance aux autres dès que vous les rencontrez et vous pensez que tout ce qui n'est pas le cas signifie que vous avez des problèmes de confiance ou que vous êtes hyper-vigilant.
- Vous attendez des autres qu'ils valident vos décisions avant de passer à l'action, quel que soit le problème qu'ils posent ou la gravité de la situation.
- Lorsque le comportement d'une personne vous inquiète, vous supposez automatiquement que votre instinct est faussé. Vous interagissez alors avec elle comme si son comportement n'était pas préoccupant, lui accordant le bénéfice du doute jusqu'à ce que son comportement prouve qu'elle n'est pas digne de confiance ou qu'elle est dangereuse.
- Vous gardez des personnes abusives ou destructrices dans votre vie en pensant qu'elles ne vous feront jamais de mal comme elles en ont fait à d'autres - que votre relation avec elles est spéciale et différente.
- Vous retournez continuellement vers une personne qui vous a menacé ou blessé en pensant que votre amour peut la guérir.

Tu es aussi important que n'importe qui d'autre. Se mettre en danger pour essayer de sauver quelqu'un qui ne veut pas être sauvé - ou pire, qui veut vous faire du mal pour se sentir mieux dans sa peau ou obtenir ce qu'il veut - est un énorme problème qui peut vous coûter la vie.

3. **Le locus de contrôle externe.** Le locus de contrôle est la manière et l'endroit où vous attribuez la cause des choses qui vous arrivent ou ne vous arrivent pas. Il existe deux types de locus de contrôle : interne et externe.

   Si une personne a un locus de contrôle externe, elle a le sentiment que sa vie est largement dirigée par des choses qui échappent à son contrôle, généralement d'autres personnes. Ce centre d'intérêt externe entraîne la colère, l'amertume, le blasement, la défaite, l'impuissance, la dépression, l'anxiété, la méfiance et la peur.

Une personne ayant un locus de contrôle interne est largement autodirigée. Elle comprend ce qu'elle peut contrôler et ce qu'elle ne peut pas contrôler. Elle se sent capable de mettre en œuvre des changements positifs dans sa vie, ce qui lui confère un sentiment d'autonomie. Pour développer un locus de contrôle interne, il faut d'abord se mettre à l'écoute de ses émotions et discerner ce qui est sûr et dangereux, ce qui est nourrissant et ce qui est épuisant pour soi. Une fois que vous aurez mieux saisi ces éléments, il vous sera plus facile d'établir des limites, des normes et des critères de rupture à leur égard.

Posez-vous la question : *Possédez-vous l'un des traits de personnalité mentionnés ci-dessus ? Si oui, prenez un moment pour les énumérer et donnez quelques exemples de la façon dont cela a été un problème dans votre vie. D'où pensez-vous qu'ils viennent ?*

Traits de personnalité fréquemment exploités

Si tout le monde peut être la cible d'un manipulateur, les personnes qui ont tendance à se retrouver aux prises avec plusieurs manipulateurs le font généralement parce qu'elles présentent certains traits de personnalité qui influent sur leur capacité à se protéger, ce qui les rend vulnérables à l'exploitation.

Ces quatre traits sont les suivants : suivre le courant (plaire aux gens), peur de la colère, désir d'éviter les conflits ou les confrontations, et absence d'une solide conscience de soi. Le défi pour ceux qui présentent ces traits de caractère est que, parce qu'ils ont toujours été ainsi, et parce que ces traits sont pris par nous-mêmes et par les autres pour un comportement idéal, il peut être difficile de voir le problème lorsqu'il se masque comme étant la solution. En outre, certains de ces traits peuvent être à la base de leur personnalité et de leur réussite dans certains domaines. Lorsque l'estime de soi est faible, la personne présente ces quatre traits différents à l'extrême.

Vous n'êtes peut-être même pas conscient de certains de ces traits de caractère, alors que d'autres, comme le fait de suivre le courant et d'éviter les conflits ou les confrontations, vous ont peut-être bien servi toute votre vie... jusqu'à présent. Après tout, dans un contexte sain, nombre de ces actions, en particulier le fait de s'entendre avec les autres, sont considérées comme souhaitables. Cependant, comme toute chose, un comportement prévenant et aimable peut devenir problématique s'il est poussé à l'extrême (ce qui se produit généralement lorsqu'une personne fait passer les autres en premier et elle-même en dernier). La plupart d'entre nous ne prennent jamais le temps d'examiner leur comportement apparemment bon, parce qu'ils ne le considèrent pas comme un problème. Et la plupart d'entre nous ont tendance à penser qu'ils ont une pensée et des limites saines... jusqu'à ce qu'un manipulateur entre dans notre vie et crée tellement de chaos et de confusion que nous ne comprenons pas comment les choses ont pu en arriver là et comment nous n'avons pas pu nous rendre compte de ce qui se passait.

Voici les quatre traits de personnalité qui sont fréquemment exploités :

1. Suivre le mouvement. Être facile à vivre et bien travailler avec les autres, c'est bien jusqu'à un certain point. Si ce trait de personnalité est poussé à l'extrême, c'est-à-dire à plaire continuellement aux autres, il en résulte un déséquilibre dans toutes nos relations. S'attirer les faveurs des autres et éviter la confrontation n'est pas un gage de relation saine, mais plutôt de ressentiment et d'accumulation de problèmes.

Si nous ressentons un besoin compulsif de plaire aux autres, nous pouvons nous sentir hors de contrôle et frustrés par notre vie, parce que nos actions sont limitées à ce qui est considéré comme acceptable par les autres. Faire perpétuellement plaisir aux autres est néfaste, surtout si nous prenons soin des autres au détriment de nous-mêmes. De nombreuses personnes qui font plaisir aux autres utilisent la « gentillesse » pour se protéger inconsciemment de l'abandon. D'autres suivent le mouvement parce que la gentillesse fait partie intégrante de leur identité. Cette attitude est également problématique, car le besoin d'être perçu (ou de se percevoir) comme quelqu'un de gentil peut vous empêcher de vous affirmer. Nous pouvons nous trouver trop « gentils » (passifs) pour confronter ou critiquer un manipulateur, ou trop « gentils » (dans le déni) pour voir leur comportement problématique pour ce qu'il est.

Quelques exemples de personnes qui plaisent :

- S'entendre avec les autres pour s'entendre avec eux.
- Dire « oui » quand on veut dire « non ».
- Fixer une limite vous fait vous sentir coupable ou égoïste.
- Ne pas avoir d'opinion ou ne pas savoir ce que l'on pense d'une personne ou d'une situation.

- Essayer de prouver sa valeur.
- Être prêt à changer certaines choses chez soi (se rabaisser, se transformer en bretzel émotionnel, changer physiquement pour rendre les autres heureux) pour que les autres restent dans votre vie ou vous approuvent.

Tout le monde ne vous aimera pas, et même si c'est le cas, ils n'approuveront pas tout ce que vous faites en permanence. C'est l'une des nombreuses raisons pour lesquelles il est important de se connaître suffisamment bien pour pouvoir rester ferme dans ses décisions. Si vous avez toujours besoin que les autres soient d'accord avec vos actions, vous allez attendre très longtemps. Vous devez approuver votre propre comportement. Il peut être utile de réaliser que, parmi toutes les personnes qui existent, dix pour cent ne vous aimeront jamais, dix pour cent vous aimeront et quatre-vingt pour cent se situeront quelque part entre les deux.

Essayer de plaire aux autres en pensant qu'ils vous traiteront comme vous les traitez n'est pas une bonne stratégie. Utiliser la gentillesse comme un moyen d'éviter d'être abandonné ou de se protéger des personnes nuisibles, tend à faire exactement le contraire : *cela fera de vous une cible continuelle pour les personnes blessantes et nuisibles.*

Il n'y a rien de mal à avoir besoin d'être rassuré de temps en temps, mais cela devient un problème lorsque leur approbation devient essentielle à votre estime de soi et que le manque d'approbation vous rend anxieux, déséquilibré et paniqué. Si vous essayez d'éviter d'être quitté, vous vous donnerez beaucoup de mal pour garder les autres à vos côtés, même s'ils vous traitent mal. En revanche, si vous essayez de maintenir la paix avec les autres pour qu'ils ne vous quittent pas, mais que vous le faites au prix de ne jamais être en désaccord avec eux ou de ne jamais pouvoir partager ce que vous pensez et ressentez vraiment, vous finirez par déclencher une guerre en vous-même.

S'il est essentiel d'apprendre à dire « non », il est également important d'être conscient de ce à quoi vous dites « oui » et du ton que cela donne. Par exemple, vous n'avez peut-être aucun problème à offrir une tasse de café à vos collègues, à faire des courses pour votre patron, à laisser continuellement les autres décider du restaurant où aller ou à rencontrer quelqu'un chez lui pour un premier rendez-vous, mais sachez que ce à quoi vous dites « oui » donne le ton de la façon dont les autres vous percevront et vous traiteront. Ce n'est peut-être pas juste ou équitable, mais c'est la réalité.

2. La peur de la colère. La plupart des personnes qui ont l'esprit d'équipe veulent la paix dans leur vie. Toutefois, il existe une différence entre la résolution des conflits et l'évitement des conflits. Si une personne tente d'éviter les conflits, elle peut essayer d'éviter la colère, l'agression, le conflit et la confrontation en elle-même et avec les autres. Ces émotions refoulées ne disparaissent pas ; elles refont surface d'une manière que nous sommes à l'aise de reconnaître. Par exemple, nous pouvons réprimer notre colère contre notre conjoint, mais cette colère refait surface sous la forme de symptômes physiques tels que des douleurs chroniques, des maux de tête ou une prise de poids. Elle peut aussi se manifester de manière passive-agressive, par exemple en brûlant leur dîner, en oubliant de payer les factures ou en étant désordonné.

Les personnes qui cherchent à plaire sont souvent mal à l'aise avec la colère, qu'elle soit la leur ou celle d'autrui. Il se peut qu'ils ne sachent pas comment se mettre en colère de manière appropriée et qu'ils pensent qu'il est plus sûr d'étouffer cette colère et de prétendre que tout va bien. Nous sommes tous frustrés et en colère. C'est la façon dont nous gérons ces émotions qui fait toute la différence. Il est normal qu'une personne ressente ce qu'elle ressent, mais il n'est pas normal qu'elle devienne cruelle ou blessante.

3. Absence de sens solide du soi. Les personnes qui n'ont pas de sens solide du soi se définissent en fonction de l'opinion et de l'approbation des autres. Une personne qui n'a pas une solide conscience de soi est prompte à céder son pouvoir aux autres, car elle pense que tout le monde en sait plus qu'elle, même en ce qui concerne les grandes décisions de sa vie.

Si nous n'avons pas une idée précise de qui nous sommes, nous ne connaissons pas non plus nos pensées, nos sentiments, nos émotions et nos valeurs fondamentales, et nous sommes mûrs pour la manipulation. Par ailleurs, si nous savons qui nous sommes, mais que notre identité se limite à être un guérisseur ou un soignant pour les autres, c'est également un problème, car nous continuerons non seulement à trouver les proverbiaux petits oiseaux aux ailes brisées, mais nous les rechercherons inconsciemment. De nombreux empathes, codépendants et « guérisseurs nés » sont souvent très en phase avec les autres et très peu en phase avec eux-mêmes. Leurs pensées et leurs sentiments se confondent souvent avec ceux des autres, à tel point qu'ils ne savent plus qui est qui. Avoir de l'empathie pour les autres ne signifie pas que nous devons manquer de limites.

L'une des premières étapes du développement d'une solide perception de soi consiste à se reconnecter à qui l'on est *vraiment*. Voici quelques questions qui peuvent vous aider à mieux vous comprendre :

- *Quels sont vos points forts ?*
- *Quelles sont vos faiblesses?*
- *De quelle manière êtes-vous un ami pour vous-même ?*
- *De quelle manière êtes-vous un ennemi pour vous-même ?*
- *Quand avez-vous été blessé pour la dernière fois ? Que s'est-il passé?*
- *Comment vous sentez-vous en ce moment et pourquoi ?*
- *Quelle décision (le cas échéant) avez-vous hésité à prendre et pourquoi ?*
- *Comment pouvez-vous reconnaître (physiquement et émotionnellement) que vous êtes stressé ? Que faites-vous pour gérer votre stress?*
- *Quelles sont les deux choses que vous avez apprises sur vous-même récemment ?*

4. Le désir d'éviter les conflits ou les confrontations. Si deux personnes expriment ouvertement leurs pensées, leurs sentiments et leurs opinions, elles connaîtront des conflits de temps à autre. C'est la manière dont ce conflit est géré qui détermine s'il s'agit ou non d'une dynamique orientée vers les solutions et l'esprit d'équipe. Si vous êtes celui qui cède continuellement ou qui fait tout le travail pour remettre les choses sur les rails, le rapport de force est inégal et il s'agit très probablement d'une dynamique unilatérale à plus d'un titre que vous ne l'imaginez. Si les deux personnes impliquées ont une communication ouverte, honnête, sincère et orientée vers des solutions, la gestion du conflit ne doit pas nécessairement se terminer par des cris ou la fin de la relation ; une communication assertive peut être utilisée pour résoudre le conflit. *Éviter les conflits ou ne pas en avoir n'est pas le signe d'une relation saine ; c'est le signe d'une mauvaise communication.*

Chapitre 25 :

Limites, normes et ruptures d'accord

Les limites, les normes et les obstacles sont essentiels pour vivre une vie authentique. Ensemble, ils nous permettent de déterminer ce que nous laissons entrer dans notre vie et ce que nous en excluons. Si nous manquons de l'un ou de l'ensemble de ces éléments, nous sommes en danger sans même nous en rendre compte.

Avant d'aborder l'importance des limites, il est essentiel de comprendre qu'en essayant de fixer des limites avec une personne violente, son comportement risque de s'aggraver et de devenir très dangereux très rapidement. N'oubliez pas qu'il s'agit toujours d'une lutte de pouvoir avec cette personne et qu'elle joue pour gagner. Essayer d'avoir une communication ouverte, honnête, sincère et orientée vers des solutions avec une personne manipulatrice ne fonctionne pas - et cela ne fait souvent qu'empirer les choses. Faites toujours de votre sécurité une priorité absolue ; péchez par excès de prudence et n'acceptez aucun conseil de sa part ou de la part d'autres personnes dont vous pensez qu'elles vous mettraient en danger. C'est vous qui connaissez le mieux votre situation.

Si vous êtes en relation avec une personne dangereuse qui vous fait du mal physiquement, émotionnellement, mentalement, spirituellement, sexuellement, socialement ou financièrement, *les seules limites qui vous permettront de rester en sécurité sont la distance physique et émotionnelle.* Essayer continuellement de lui expliquer ce qu'elle a fait de mal, pourquoi c'est mal et pourquoi cela vous a fait du mal, c'est aussi efficace que de crier dans le vent, et cela peut vous mettre en grave danger. N'oubliez pas que vous avez affaire à une personne qui a l'intention de gagner, et non à une personne qui travaille en équipe. Toute personne qui vous nuit délibérément, de quelque manière que ce soit, *ne* vous respectera *pas* et ne respectera *pas* vos limites. Au contraire, elle considérera vos limites comme un défi à relever.

Limites

Les limites ne se limitent pas à dire oui quand on veut dire oui, et non quand on veut dire non - même si c'est déjà un bon début. La meilleure définition que j'aie jamais entendue des limites vient de Pia Mellody, experte en codépendance, dans son livre *The Intimacy Factor*. Elle décrit les limites comme « une forme de *confinement et de régulation* qui nous permet de nous exprimer modérément *et* filtrer les messages des autres dans un but d'autoprotection ». En d'autres termes, nos limites sont une couche semi-perméable, un peu comme une paroi cellulaire qui ne laisse entrer et sortir que ce qui est approprié. Lorsque nos limites fonctionnent correctement, nous ne sommes pas blessés et nous ne blessons pas les autres. Bien que des limites saines ne nous protègent pas de tous les maux, elles nous protègent la plupart du temps.

Par exemple :

- Une personne ayant une limite de contention *externe* fonctionnelle est une personne capable de contenir et de contrôler son comportement. Lorsqu'elle est contrariée, elle est capable de se retenir de s'en prendre aux autres.
- Une personne dont la frontière de régulation *interne* est fonctionnelle est capable de réguler les types de communication et d'actions qu'elle laisse passer de la part des autres. Si quelqu'un lui criait dessus ou l'insultait, elle verrait cette colère abusive comme le reflet des problèmes de l'autre personne, et non comme la vérité à son sujet. Après tout, les personnes « normales » et équilibrées n'essaient pas de détruire les autres. Si elles se sentent blessées, elles s'assurent de garder ces sentiments blessés et leur estime de soi dans deux réservoirs différents.

Un bon moyen de savoir si vos limites, vos normes et vos freins ont besoin d'être modifiés est d'évaluer honnêtement vos sentiments et vos actions. Avez-vous éprouvé du ressentiment ou de la colère à l'égard d'une personne en particulier ? Avez-vous fait des commérages, vous êtes-vous plaint ou vous êtes-vous défoulé sur d'autres personnes à propos de cette personne ? Si vous avez répondu par l'affirmative à l'une ou l'autre de ces questions, il y a de fortes chances qu'une limite ait été franchie ou complètement violée. Lorsque nous nous plaignons ou nous défoulons, c'est parce que le problème n'a pas été résolu de manière efficace. Si la personne contre laquelle nous sommes en colère est désireuse et capable de travailler à la résolution des problèmes avec nous, une conversation assertive et pleine de tact sera très probablement en mesure de remettre les choses sur la bonne voie. Si une conversation honnête ne permet pas de corriger ce déséquilibre ou ne fait que l'aggraver, il est alors temps de se mettre en mode autoprotection et de limiter ce que nous partageons ou le temps que nous passons avec cette personne.

De nombreuses personnes ne sont pas à l'aise avec l'idée de fixer des limites saines parce qu'elles ne veulent pas être impolies ou qu'elles craignent la confrontation, le rejet, la désapprobation ou l'abandon. Elles peuvent croire que si elles fixent des limites avec les autres, elles risquent de passer à côté d'une personne potentiellement merveilleuse ou qu'elles seront seules pour toujours. Ces peurs remontent souvent à l'enfance et résultent du message selon lequel, pour être aimé, il faut se comporter de la manière qu'ils jugent appropriée - parce que ce que nous sommes n'est pas assez bien et qu'être nous-mêmes signifie être rejetés.

L'absence de limites a pour conséquence que la dynamique de nos relations avec nos proches, notre famille, nos amis et nos collègues de travail devient unilatérale. Nous faisons taire ce que nous sommes et nous nous perdons dans les désirs, les besoins et les opinions des autres, attendant d'eux qu'ils nous disent qui nous sommes et comment nous devrions penser et agir. Toute personne qui ne respecte pas vos limites deviendra de plus en plus problématique pour vous si elle reste une partie importante de votre vie. Et si nous nous tournons vers une personne pathologique pour obtenir une validation, nous verrons alors une version profondément défectueuse de nous-mêmes se refléter dans ses yeux, et nous la prendrons pour la vérité. La conséquence de ces relations unilatérales et insatisfaisantes, dans lesquelles nous cherchons davantage à plaire aux autres qu'à nous apprécier nous-mêmes, est une vie pleine de colère, de blessures et de ressentiment, même s'il nous faut parfois de nombreuses années pour nous rendre compte de ce que nous ressentons.

Il est nécessaire de fixer des limites pour développer une intimité émotionnelle avec les autres. Et oui, fixer des limites peut rebuter certaines personnes. Ce n'est pas grave. Toutes les personnes que vous rencontrez ne sont pas censées faire partie de votre vie, et encore moins de votre cercle intime. Éliminer des personnes de votre vie ou les déplacer dans un autre cercle de votre vie est souvent difficile au début, mais c'est beaucoup plus facile que de vivre une vie de misère et d'invalidation avec un cercle intérieur rempli de toutes les mauvaises personnes. Ce processus est nettement plus facile si nous pouvons nous efforcer de rencontrer de nouvelles personnes ou de cultiver des amitiés nourrissantes tout en élaguant les anciennes.

Étant donné que les limites de chacun sont différentes et en constante évolution, personne ne sait où se situent les limites d'une autre personne à moins qu'elle ne les fasse connaître. Par exemple, nous avons tous des sens de l'humour différents dans des environnements différents. Ce qu'une personne trouve drôle, une autre le trouve déplaisant. Si nous ne trouvons pas un certain type de blague drôle, cela ne signifie pas que nous sommes trop sensibles. Cela signifie que nous ne trouvons pas certains sujets humoristiques, ou que nous ne sommes d'accord qu'avec certaines blagues de certaines personnes. Après tout, la façon dont nous plaisantons avec un ami est différente de celle dont nous plaisantons avec un inconnu dans le métro ou un collègue de travail que nous connaissons à peine.

Imaginons que quelqu'un raconte une blague que nous trouvons déplacée et que nous ne riions pas ou que nous lui disions que nous ne trouvons pas ce genre de blagues drôles. Si l'autre personne ne voulait pas nous offenser, elle s'excusera probablement et ne nous racontera plus ce genre de blagues à l'avenir. S'il ne se soucie pas de nous offenser, il ne respecte pas nos limites et essaiera probablement de nous convaincre que sa blague est drôle, nous dira que nous sommes trop sensibles si nous ne sommes pas d'accord et continuera à nous raconter d'autres blagues de ce genre à l'avenir.

Si nous ne sommes pas bien ancrés dans nos limites, nous allons penser qu'ils ont raison de dire que nous sommes trop sensibles et que nous n'avons pas un bon sens de l'humour - et notre estime de soi en prendra un coup. Si nous sommes bien ancrés dans nos limites, nous tiendrons bon et nous leur dirons que nous n'aimons pas ce genre de blagues. Nous n'intérioriserons pas leurs commentaires selon lesquels nous sommes trop sérieux ou coincés, parce que nous sommes à l'aise dans notre limite. Au contraire, plus ils continueront à nous disputer à propos de nos limites, plus nous comprendrons que leur comportement est irrespectueux et immature, et qu'il n'a rien à voir avec nous. Ils peuvent penser ce qu'ils veulent, , mais comme nous sommes à l'aise avec notre limite, nous ne prenons pas leurs commentaires à cœur et, par conséquent, notre estime de soi reste intacte.

Même si les autres ne savent pas où se situent nos limites, il est raisonnable d'attendre d'un autre adulte qu'il se comporte de manière appropriée et respectueuse envers vous et les autres. Si quelqu'un est trop tactile, grossier, trompeur ou abusif, vous n'avez pas besoin de rester là et de vous affirmer jusqu'à ce qu'il apprenne enfin qu'il doit vous traiter avec respect. Vous mettre en danger de la sorte pour lui apprendre à se comporter correctement ne servira qu'à vous frustrer et à l'agacer. Avec de telles personnes, il est préférable de faire connaître vos limites et de prendre de la distance. Gardez à l'esprit que les manipulateurs peuvent essayer de vous faire sentir égoïste parce que vous fixez des limites avec eux, même si leur comportement est scandaleux, inapproprié ou abusif. Il n'est ni raisonnable ni sain d'attendre de quelqu'un qu'il soit son souffre-douleur émotionnel ou physique. Fixer des limites n'est pas égoïste, c'est prendre soin de soi.

Le maintien de nos limites est l'un des principaux moyens de cultiver le respect de soi. Il est impossible de se respecter et de s'effacer en même temps. Chaque fois que nous cédons à quelque chose que nous ne voulons pas, nous faisons taire notre moi intérieur. Lorsque cela se produit, cette voix intérieure commence à nous parler. Elle nous repousse et nous demande pourquoi nous nous laissons maltraiter. Cette voix intérieure n'est pas le résultat d'une faible estime de soi ou d'une éducation parentale critique, même si, parce qu'elle proteste ou se dispute avec nous, elle peut être considérée à tort comme un discours négatif sur soi. Cette voix n'est pas votre ennemie, c'est votre amie, et elle fait surface pour vous avertir lorsque vous vous efforcez inconsciemment de l'effacer. Vous pouvez faire la différence entre votre voix interne autocritique et votre voix interne authentique en observant ce qui se passe lorsque vous affirmez vos limites. Votre voix interne authentique s'apaise dès que vous commencez à vous défendre - et nourrit du ressentiment lorsque vous ne le faites pas, alors que le discours négatif sur soi qui résulte d'une faible estime de soi ou d'une éducation critique ne s'apaise pas - en fait, plus vous essayez de fixer des limites ou d'atteindre vos objectifs, plus cette voix devient bruyante et insultante.

Par exemple, imaginons que vous ayez un rendez-vous avec quelqu'un qui se montre trop entreprenant. Dix minutes après le début du rendez-vous, vous avez envie de partir, mais comme il ar prévu toute la soirée, vous vous sentez obligé de rester, même si votre malaise s'accroît. Si vous n'avez pas de limites solides, vous pouvez penser que le problème que vous rencontrez avec son comportement est dû au fait que vous avez des problèmes d'engagement ou que vous êtes trop coincé(e). La soirée se termine par un baiser que vous ne vouliez pas, mais que vous avez accepté parce que vous vous sentiez obligé. Ce soir-là et le lendemain matin, votre moi intérieur sera en colère contre vous et commencera à vous demander pourquoi vous êtes resté. Si vous n'êtes pas encore conscient de cette voix intérieure, il se peut que vous vous sentiez mal à l'aise d'avoir permis à votre partenaire de vous parler comme il l'a fait ou de vous embrasser à la fin de la soirée.

Dans ce genre de situation, nous ne cessons de ressasser ce qui s'est passé, en nous demandant souvent si leur comportement était vraiment aussi problématique qu'il en avait l'air, ou si c'est nous qui sommes en cause. Lorsque nous repensons à une situation, c'est généralement parce que nous avons été victimes d'une violation des limites. Plus vous passez de temps avec cette personne et ne faites pas connaître vos limites, plus les violations de limites se multiplieront et plus votre voix interne et/ou vos sentiments de malaise prendront de l'importance. Si vous ne vous rendez pas compte que vos limites ont été franchies, vous continuerez à confondre les problèmes que vous rencontrez avec le comportement des autres et la voix intérieure dure qui en résulte, avec vos propres problèmes non résolus. Vous pouvez penser à tort que vous n'êtes pas à l'aise avec cette personne parce que vous avez des problèmes d'engagement. Si vous vous rendez compte que votre problème avec cette personne est son comportement et que vous cessez de la voir, vous constaterez que cette voix s'apaise. Lorsque vous vivez votre vie en respectant vos limites et les normes , vous entendrez rarement cette voix. Cette voix ressemble beaucoup au système de guidage d'une voiture. Si nous allons dans la mauvaise direction, il nous incite à faire le prochain demi-tour, et cette voix ne s'arrête pas tant que nous ne sommes pas revenus sur la bonne voie.

Normes

Nous avons tous des normes, même si la plupart des gens n'ont jamais pris le temps d'examiner ce qu'elles sont réellement. Si nous nous retrouvons continuellement dans des relations ou des amitiés avec des personnes qui nous maltraitent, c'est le signe qu'il est temps d'élever nos exigences quant à la façon dont nous *voulons* être traités. Lorsque nos normes sont saines, nos limites deviennent inévitablement plus fortes, généralement sans grand effort, car *nos limites veillent toujours à ce que nos normes soient respectées.*

Vous avez déjà une norme dans tous les domaines de votre vie, qu'il s'agisse de la qualité et de la quantité de nourriture que vous mangez, du type de voiture que vous conduisez, du travail que vous exercez, des vêtements que vous portez, des personnes avec lesquelles vous êtes amis et des relations importantes que vous entretenez. Si vous êtes curieux de savoir quelles sont vos normes, regardez ce que vous faites actuellement.

Voici quelques exemples de normes saines et raisonnables :

- Être traité avec dignité et respect par ses proches.
- Avoir des personnes émotionnellement sûres dans son cercle proche.
- Pour que votre cercle intérieur et votre environnement habituel vous nourrissent.

Si nous voulons améliorer notre vie, nous commençons par élever notre niveau d'exigence. Cependant, nous ne pouvons élever nos exigences qu'au niveau de notre valeur et de notre estime de soi. Si nous ne sommes pas pleinement convaincus que nous sommes dignes d'être traités avec respect, nous ne nous y attendrons pas et nous n'insisterons pas. Au lieu de cela, si quelqu'un nous traite mal, nous penserons que ses mauvais traitements sont mérités ou justifiés, ou nous nous disputerons avec lui pour essayer de lui faire comprendre notre valeur, mais nous n'en ferons pas une rupture d'accord.

Posez-vous la question:

- *Quels sont mes critères pour les personnes qui font partie de mon cercle intime ?*
- *Quels sont mes critères pour les personnes que je fréquente ?*
- *Est-ce que je crois que j'ai de la valeur et que j'apporte de la valeur aux autres ?*
- *Est-ce que je crois que je suis digne d'avoir des personnes qui me nourrissent et me soutiennent dans ma vie ?*

Points de rupture

Le fait d'avoir des points de rupture est un élément important pour avoir des limites saines et une bonne vie. Si nous n'avons pas de limites, cela ne signifie pas que nous sommes tolérants ou compatissants, mais que nos limites, nos normes et notre estime de soi ont besoin d'être améliorées. Il est impératif que vous développiez la conscience de soi nécessaire pour faire la différence entre ce qui est nourrissant et ce qui est toxique pour vous, afin que vous puissiez réagir en conséquence.

Les personnes qui ont des points de rupture sains envisagent les situations et le comportement des autres en termes de *ce qui est acceptable selon leurs normes saines*. Les personnes dont la capacité de rupture est inexistante interagissent avec le monde en fonction de ce *qu'elles peuvent supporter jusqu'à ce qu'elles soient obligées de s'éloigner*. Traverser la vie de cette manière n'est pas seulement difficile, c'est aussi inutile. Votre vie changera profondément pour le mieux une fois que vous serez capable de changer votre façon de penser en passant de ce que vous *pouvez* tolérer à ce que vous ne tolérerez *pas*.

Si nous pensons que le fait d'avoir des freins nous rend inflexibles ou insensibles, nous resterons dans des situations jusqu'à ce qu'elles deviennent si outrageusement inappropriées et insupportables que nous atteindrons notre point de rupture. À ce moment-là, notre santé physique est généralement si affectée que nous luttons contre des douleurs chroniques, des inflammations, des insomnies, des maux de tête, des éruptions cutanées, des rhumes chroniques, une fatigue extrême et une prise ou une perte de poids. En outre, notre santé émotionnelle est affectée, et nous pouvons nous retrouver dans une situation de dépression nerveuse, de grave dépression, ou de colère et d'amertume. Dans des situations extrêmes, nous pouvons être restés au point où l'autre personne est devenue tellement incontrôlable et dangereuse que notre vie est en jeu.

Il est très difficile d'essayer d'identifier les points de rupture ou les limites au milieu de la manipulation, car il y a beaucoup de confusion, d'angoisse mentale et d'anxiété. Le mieux est d'arrêter d'essayer de démêler ce qui se passe et pourquoi, et plutôt d'être clair avec vous-même sur la ligne de démarcation. Que doit-il se passer pour que vous fassiez quelque chose de différent ou que vous partiez ? Définir la ligne maintenant peut vous aider à la voir lorsque vous y arriverez.

Comme c'est le cas pour tout ce qui est nouveau, l'établissement de limites, de normes et d'interdits nécessitera des essais et des erreurs, ainsi que beaucoup de pratique. Un changement radical ne se produit pas du jour au lendemain. Cependant, la bonne nouvelle est que vous n'avez pas besoin de changements radicaux pour améliorer radicalement votre vie. Parfois, quelques petits changements dans la bonne direction peuvent faire une grande différence.

Partie 4 : Gagner la partie

Chapitre 26 :

Modifier la façon dont vous interagissez avec un manipulateur

Lorsque vous vous rendez compte que vous avez essayé d'avoir une relation avec quelqu'un qui joue un jeu, il y a plusieurs façons de changer le jeu afin de rétablir l'équilibre dans votre vie. La première étape de ce processus consiste à décider comment vous allez changer votre façon d'interagir avec cette personne. Il existe plusieurs stratégies de distanciation : la pierre grise, le contact réduit et l'absence de contact.

Pierre grise

Si vous ne pouvez pas rompre tout contact avec un manipulateur parce que vous avez des enfants avec lui, ou si vous êtes incapable de le faire sortir de votre vie pour quelque raison que ce soit, vous pouvez mettre en œuvre une technique appelée « pierre grise ». Cette technique consiste à devenir aussi peu excitant et inintéressant qu'un pierre grise. L'objectif est de se fondre dans le décor et de devenir la personne la plus ennuyeuse et la moins réactive qu'il ait jamais rencontrée, afin qu'il perde tout intérêt et passe à autre chose.

Il ne sait ce que vous appréciez que par le niveau de votre réaction, alors battez-le à son propre jeu et ne réagissez pas. Il est utile de s'entraîner à rester indifférent avec un ami de confiance ou dans le miroir. Répétez mentalement les différentes façons dont il a essayé de vous faire réagir dans le passé, puis entraînez-vous à rester émotionnellement neutre.

Lorsque vous devez engager la conversation avec un manipulateur, contentez-vous de sujets superficiels que vous aborderiez avec un inconnu dans un ascenseur. L'objectif est d'éviter de parler de tout ce qui est émotionnel afin qu'il ne l'utilise pas contre vous ou qu'il ne réagisse pas de manière blessante. Ne parlez pas de ce qui, vous le savez, pourrait le rendre jaloux ou lui permettre d'attiser les tensions et de vous rendre la vie difficile. Ne dites pas à quel point les choses vont bien pour vous, ni ce que vous ou vos enfants avez accompli, ni à quel point votre vie est belle maintenant qu'ils n'en fait plus partie. Ne parlez pas des vacances à venir, des personnes que vous fréquentez, des pertes récentes ou des événements douloureux que vous avez vécus, ni de quoi que ce soit d'un tant soit peu intéressant.

N'essayez pas de lui faire comprendre à quel point son comportement était (et reste) blessant. Rappelez-vous que la mauvaise communication n'est pas le problème. S'il vous accuse de tous les maux de la relation, ne vous battez pas sur ce point - il ne verra jamais les choses à votre façon. En agissant de la sorte, vous lui ôtez la possibilité d'argumenter et de créer du drame et du chaos. Restez poli, professionnel, bref, puis partez.

La pierre grise demande de la pratique et de l'anticipation. Vous pouvez dire que vous voyez clairement son comportement lorsque vous n'y réagissez plus. Attendez-vous à ce que sa façon d'agir soit erratique et dramatique, et vous ne serez plus pris au dépourvu, car il *est évident* qu'ils agira de manière immature et irrationnelle ; c'est ce que font les manipulateurs.

Contact réduit

On parle de contact réduit lorsque l'on a le minimum de contact nécessaire avec une personne qui pose problème. Vous saurez quand vous aurez réduit le contact au bon niveau en fonction du degré de frustration et de colère présent. Si vous quittez la personne et que vous ressassez la conversation avec vous-même ou avec un ami, vous devez prendre plus de distance. N'oubliez pas que c'est vous qui fixez le rythme. Par exemple, au lieu de suivre les souhaits de votre mère de rentrer à la maison pour les vacances et de passer deux semaines avec elle (c'est elle qui fixe le rythme), vous décidez que vous ne pouvez vraiment rester qu'une semaine sans perdre la tête. Si une grande partie de l'angoisse mentale est encore présente, peut-être que la prochaine fois, vous vous limiterez à trois jours. Si c'est trop, alors peut-être un jour, ou quelques heures - ou peut-être ne pas y aller du tout, et plutôt appeler.

Pas de contact

L'absence de contact signifie que vous n'avez aucun contact avec une personne dangereuse ou destructrice. Idéalement, non seulement vous ne communiquez plus avec elle, mais vous ne la surveillez plus, vous ne consultez plus ses réseaux sociaux, vous ne parlez plus d'elle à vos amis communs, etc. Vous n'avez plus rien à voir avec elle. Il en va de votre santé mentale et du maintien de la paix intérieure et extérieure dans votre vie.

L'absence de contact peut être facilitée si vous changez votre environnement et si vous vous débarrassez des éléments déclencheurs qui pourraient vous faire sombrer dans la nostalgie. Réarrangez les meubles, mettez les objets à forte charge émotionnelle dans une boîte, hors de vue, ou donnez-les si vous êtes prêt, ou brûlez-les dans un foyer si vous le souhaitez. Vous pouvez dire à vos amis et à votre famille que vous apprécieriez qu'ils ne vous tiennent pas au courant de ce que fait votre ex, que vous essayez de passer à autre chose. S'ils contestent ce point ou vous disent que vous êtes immature, c'est le signe que cette personne ne vous soutient pas et que vous avez peut-être besoin de prendre de la distance avec elle.

Lorsque vous n'avez plus de contact avec le manipulateur ou d'autres personnes de votre entourage, il est utile d'avoir un plan pour combler le vide laissé. Le site web meetup.com est une ressource merveilleuse qui peut vous aider à trouver des choses à faire et à rencontrer de nouvelles personnes. Si cela vous intéresse, il peut être utile de rejoindre autant de groupes de rencontre que vous trouvez un tant soit peu intéressants. Ainsi, si vous vous ennuyez ou si vous vous sentez seul, vous disposerez d'une foule d'activités saines.

Chapitre 27 :

Changer votre façon de réagir

Le chapitre précédent a abordé plusieurs façons d'interagir avec une personne problématique. Ce chapitre traite des différentes façons de répondre à cette personne si vous souhaitez maintenir un certain degré de communication. L'objectif est de passer d'une attitude réactive à une attitude réceptive. Choisir consciemment comment et quand répondre est une étape importante pour fixer vos limites et reprendre le contrôle sur le rétablissement de la paix dans votre vie.

Répondre, ne pas réagir

Si vous choisissez ou devez rester en contact avec un manipulateur, il peut être utile de développer des stratégies d'adaptation pour vous aider à tolérer le stress qui en résultera. Lorsque nous cédons à ces stratégies ou que nous devenons réactifs, c'est généralement parce que nous avons accumulé de la tension, que nous avons été pris au dépourvu, que nous sommes en colère ou que nous avons peur. Voici un exemple de ce à quoi ressemble la réactivité et comment elle peut se retourner contre nous :

L'ex-petit ami de Michelle, contre lequel elle a obtenu une ordonnance restrictive et dont elle n'a pas eu de nouvelles depuis six mois, lui envoie une série de SMS dans lesquels il l'insulte et l'accuse d'être une pute égoïste et manipulatrice qui a ruiné sa vie. Elle est prise au dépourvu, car elle espérait ne plus jamais entendre parler de lui, et c'est lui qui la trompait, lui mentait et la maltraitait. Pour tenter de mettre les choses au clair, elle se défend et l'interpelle sur son mauvais comportement. S'ensuivent de nombreux textos entre eux. Ce scénario se termine de deux façons : Michelle est tellement bouleversée qu'elle a du mal à se ressaisir, ou bien son ex passe lentement du stade où il la blâme pour tout ce qu'il a fait à celui où il lui dit qu'il l'aime, et elle est de nouveau aspirée dans cette relation abusive.

Si Michelle veut briser le cycle avec son ex, elle doit cesser d'être réactive pour devenir réceptive. Je sais qu'il est absolument exaspérant de voir quelqu'un qui vous a fait tant de mal insister sur le fait qu'il est la victime de vous - surtout lorsqu'il a réécrit la réalité pour ce faire. Cependant, il ne sert à rien de répondre à ces absurdités, car cela ne remettra pas les pendules à l'heure et vous ramènera à vous débattre dans la boue avec cette personne, ce qui est exactement ce qu'elle veut. Ne pas répondre à quelqu'un comme ça reste une réponse, et c'est la plus efficace, car elle vous met à l'abri de nouvelles attaques et vous fait comprendre que vous n'allez pas céder à son désir d'en découdre. Dans des cas comme celui-ci, ne pas répondre n'est pas un signe de faiblesse ou la même chose que le traitement silencieux. C'est un signe de force et d'autoprotection. Vous n'avez pas besoin de vous engager avec des fous.

Si vous vous trouvez dans une situation où une réponse est nécessaire, par exemple si vous avez des enfants ou si la personne difficile est un membre de votre famille ou une personne avec laquelle vous travaillez, et que vous ne savez pas quoi dire, il peut être plus facile de trouver une raison de quitter la pièce plutôt que de devoir trouver une réponse immédiate. S'excuser pour aller aux toilettes peut être une bonne stratégie, en espérant qu'ils ne vous suivront pas. Vous pourrez ainsi prendre de la distance et retrouver votre calme. Parfois, l'absence de réponse est la meilleure solution, mais si vous avez besoin ou envie de répondre, une fois que vous n'êtes plus aussi secoué, vous pouvez généralement leur envoyer une lettre ou un courriel (ou, selon votre situation, demander à votre avocat de le faire). En communiquant par écrit, vous avez plus de chances d'éviter de dire quelque chose d'impulsif, que vous pourriez regretter, et cela vous permet d'apporter à la situation le meilleur de vous-même, le plus clair et le plus calme.

Si vous devez interagir seul avec un manipulateur, une phrase ou un mantra à répéter peut vous aider à garder les pieds sur terre. Un mantra que j'ai trouvé utile au fil des ans est le suivant : « Je peux m'en sortir ». Ce mantra ne signifie pas que nous allons gérer la situation à la perfection, mais il peut nous donner la confiance dont nous avons besoin et nous permettre de savoir que nous sommes capables de faire de notre mieux. Cela signifie également qu'après coup, je peux traiter et me remettre de l'expérience avec les ressources dont je dispose, telles que la thérapie, un groupe de soutien, la tenue d'un journal, des vidéos de relaxation, etc.

Fixez vos conditions

Vous devrez apprendre au manipulateur, *par votre interaction ou votre absence d'interaction* avec lui, comment vous vous attendez à être traité. Selon le degré de manipulation et le niveau de danger dans lequel vous vous sentez, il peut parfois être utile de fixer des frontières et des limites claires. Si vous pensez qu'il peut être utile de fixer des limites, dites-lui franchement que vous ne tolérerez pas qu'il vous traite en silence ou qu'il vous menace de divorcer, de vous licencier, etc. chaque fois qu'il n'obtient pas ce qu'il veut ou que vous vous affirmez. Chaque fois qu'il n'obtient pas ce qu'ils veut ou que vous vous affirmez. Si vous restez sur vos positions, n'oubliez pas qu'ils considérera cela comme une attaque contre lui. Préparez-vous donc à une escalade de son comportement et à la possibilité qu'il vous licencie ou demande le divorce, par exemple. Dans de nombreuses situations, le seul moyen de corriger le déséquilibre préjudiciable qu'il a établi est de quitter le travail ou la relation. La force d'une limite dépend des conséquences qui l'accompagnent. Si vous craignez que le fait de vous défendre ne rende la personne violente, il est temps d'envisager de prendre des mesures pour vous éloigner d'elle le plus possible et de la manière la plus sûre.

Lorsque vous changez votre façon de réagir, il est utile de jouer à l'avance les interactions potentielles avec eux. Pour ce faire, demandez à une personne de confiance de jouer son rôle pendant que vous répétez les différentes choses que vous pourriez dire. Pendant que vous vous entraînez, veillez à passer en revue des scénarios dans lesquels la personne dit ou fait des choses qui vous déstabiliseraient normalement, afin de vous entraîner à rester sur vos positions.

Lorsque vous vous entraînez à lui répondre, veillez à ce que le ton de votre voix et votre langage corporel correspondent aux mots que vous prononcez. Par exemple, s'il vous demande de l'argent et que vous lui répondez non, votre ton doit donner l'impression que vous êtes sincère. Vous ne devez pas hausser le ton à la fin pour donner l'impression que vous lui posez une question ou que vous voulez son approbation, et vous ne devez pas avoir l'air effrayé ou faible. Lorsque vous vous affirmez, votre langage corporel est également important. Gardez la tête haute, les épaules en arrière et tenez-vous droit. Ne vous agitez pas, n'évitez pas le contact visuel et ne courbez pas les épaules. Vous voulez faire comprendre que vous pensez ce que vous dites et que vous n'avez pas peur d'eux. Plus vous donnerez l'impression d'être incertain, plus il s'efforcera de cibler vos faiblesses émotionnelles et d'éroder vos limites.

Vous pouvez être anxieux à l'idée d'une confrontation, mais soyez davantage préoccupé par les conséquences de cette dynamique sur votre santé. Si cette dynamique a une chance de fonctionner, c'est grâce à vos limites, et *non à l'absence de* limites. Si le manipulateur ne veut poursuivre cette relation que si les choses vont dans son sens, il n'y a pas de véritable relation qui vaille la peine d'être sauvée.

Répondre en fonction de votre emploi du temps, pas du leur

L'un des moyens les plus subtils dont disposent les manipulateurs pour contrôler la situation consiste à mettre leur cible sur la sellette et à exiger une réponse immédiate. Ils appellent, envoient des SMS ou des courriels et insistent pour que vous les contactiez immédiatement. Ne le faites pas. Même si vous avez le temps, il est important que vous rompiez le cycle dans lequel la personne s'attend à obtenir ce qu'elle veut quand elle le veut. À moins qu'il ne s'agisse d'une situation vraiment urgente, donnez-lui un peu de temps (au moins quelques heures ou une journée) et répondez ensuite. La rapidité avec laquelle vous répondez contribue à donner le rythme et à faire savoir à l'autre personne qu'elle est votre priorité du moment. Vous ne voulez pas donner au manipulateur l'impression qu'il a cette capacité et ce pouvoir sur vous.

Prenez le temps de respirer et de vous calmer afin de pouvoir penser clairement. N'oubliez pas que lorsque vous vous affirmez, vous *informez* la personne de vos limites - vous *ne lui demandez pas la permission ou son accord.* Il peut sembler impoli, manipulateur ou que vous jouez un jeu si vous ne lui répondez pas tout de suite. Cependant, tout ce que vous faites, c'est reprendre votre pouvoir dans la relation et faire comprendre au manipulateur que c'est vous qui êtes propriétaire de votre temps, et non lui.

Si vos interactions avec le manipulateur se font en personne, par exemple s'il s'agit d'un membre de la famille ou d'un collègue, il peut exercer une pression en créant une atmosphère tendue, en ne vous regardant pas dans les yeux, en vous traitant en silence, en ricanant, en chuchotant, en vous traitant de tous les noms, en pleurant, en boudant, en claquant la porte ou en étant hypercritique et en cherchant les fautes pour vous punir. Lorsque ces méthodes sont utilisées pour vous amener à leur répondre et/ou à faire ce qu'ils veulent, vous devez rester sur vos positions, même si cela vous met mal à l'aise sur le plan émotionnel.

Il peut être difficile de garder son sang-froid, son calme et sa sérénité lorsque l'on est confronté à un tel comportement anxiogène. Si vous vous sentez prêt à tout pour faire cesser ce comportement, demandez-vous pourquoi. Une grande partie de la tension et de la peur que nous ressentons provient de la menace de perdre quelque chose. Avez-vous peur de tenir bon parce qu'il pourrait mettre fin à la relation, vous faire licencier ou vous faire perdre des clients ou des amis ? Quelle que soit votre réponse, demandez-vous comment vous géreriez les choses si cela se produisait, et élaborez un plan pour faire face au pire scénario. Si vous craignez de perdre des amis, il est peut-être temps de commencer à rencontrer de nouvelles personnes. Si vous craignez que votre conjoint ne vous quitte, il serait peut-être utile de rechercher un groupe de soutien, d'ouvrir un compte bancaire à votre nom dans une autre banque et de passer du temps à cultiver des amitiés existantes ou nouvelles afin de disposer d'un soutien si cela devait se produire. Si vous craignez d'être licencié, il est peut-être temps de rédiger un CV ou de commencer à chercher un nouvel emploi. En identifiant la peur la plus profonde et la manière dont vous la gérerez, vous serez en mesure d'interagir avec eux en étant plus fort qu'en ayant peur.

Interagir avec un adulte manipulateur, c'est un peu comme interagir avec un enfant manipulateur. Si vous dites non dix fois, mais que vous cédez à la onzième, vous venez de perdre tout le terrain que vous aviez gagné auparavant, et même un peu plus. La prochaine fois que vous direz non ou que vous fixerez une limite, ils se rendra compte que vous pouvez être usé par le temps et la pression, et dans toutes les interactions futures avec lui, il sera plus difficile de tenir bon, mais vous devrez le faire si vous voulez que les choses changent.

Répétez ce que vous avez dit

Une fois que vous vous êtes affirmé, il est important de rester sur vos positions et de ne répéter que ce que vous avez dit au départ. Ne commencez pas à discuter, à débattre ou à défendre vos actions. L'acronyme « JADE », qui signifie « Justifier », « Argumenter », « Défendre » ou « Expliquer », est un bon moyen de s'en souvenir. Si vous commencez à faire du JADE, ils vous entraînent hors de la route et dans la boue pour pouvoir se battre avec vous. Pour la plupart des manipulateurs, s'ils parviennent à mettre leur cible dans la boue, ils considèrent que c'est une victoire. Vous avez déjà dit ce que vous aviez à dire. Il n'est pas nécessaire de répéter ou d'argumenter, et ce n'est pas le moment d'aborder d'autres questions. Vous les informez de la manière dont le problème en question va se dérouler conformément à vos limites.

Par exemple, votre ex vous appelle pour vous demander à quelle heure commence le récital de piano de votre enfant. Vous lui donnez l'heure, puis il devient grossier, agressif et exigeant, voulant savoir si vous allez venir accompagné, ou se plaignant du prix des leçons et du fait que c'est le dernier mois qu'il les paie, etc. Ne vous laissez pas entraîner dans la boue en vous défendant ou en expliquant à quel point ces leçons de piano sont importantes pour votre enfant, ou en vous énervant parce qu'ils revient sur leur promesse de partager le coût des leçons avec vous. Respirez profondément et restez aussi peu réactif que possible. Répétez l'heure du récital de piano et l'endroit où il aura lieu, puis mettez fin à la conversation.

Désarmer la manipulation

L'un des moyens de désarmer la manipulation est de s'attaquer directement à son comportement. Cependant, je dois vous avertir que cela ne se passera probablement pas bien et que cela peut rapidement dégénérer. Cette tactique ne doit être utilisée qu'avec les manipulateurs qui sont agaçants ou frustrants, et jamais avec quelqu'un de violent ou dont vous craignez qu'il le devienne.

Par exemple, dites-lui qu'il vous traite en silence après que vous avez exprimé votre désaccord ou que vous vous êtes affirmé. Vous pouvez lui dire que vous comprenez qu'il est contrarié, mais que vous n'êtes pas d'accord avec le fait qu'il vous traite en silence. Vous pouvez lui dire que s'il a besoin de temps pour se calmer, c'est très bien, mais qu'il doit vous donner un jour où il prévoit de rouvrir la communication. Prévoyez qu'il ramène le sujet à tout ce que vous faites et qu'il n'apprécie pas. N'essayez pas de vous défendre ou d'entrer dans une dispute. Tenez-vous en au sujet qui vous préoccupe. Ainsi, s'il commence à dire quelque chose comme « Je me fiche que tu n'aimes pas le traitement silencieux. Je n'aime pas la façon dont tu t'habilles ». Vous pouvez répondre à cela par quelque chose comme : « Tu as tout à fait le droit de ne pas aimer la façon dont je m'habille, mais pour l'instant, j'aimerais rester sur le sujet du traitement silencieux et sur la façon dont j'aimerais que nous communiquions de manière plus efficace ». (Faire savoir à quelqu'un qu'il a le droit de ressentir ce qu'il ressent ne signifie pas que vous êtes d'accord avec lui. Il s'agit simplement de reconnaître ses sentiments).

Ces stratégies demandent du temps et de la pratique, mais elles sont réalisables. Avec le temps, vous vous apercevrez que vous interagissez avec les autres d'une manière totalement nouvelle et autonome, et vous aurez du mal à croire qu'il y a eu un moment où vous avez agi différemment.

Chapitre 28 :

Élaborer vos stratégies

Vous êtes plus perspicace que vous ne le pensez lorsqu'il s'agit d'élaborer des stratégies pour interagir avec le manipulateur dans votre vie.

Qu'avez-vous essayé par le passé pour ne pas vous laisser entraîner, troubler ou enrager par son comportement ? Avez-vous déjà essayé de vous affirmer et de fixer des limites avec lui ? Examinez ce qui a fonctionné et ce qui n'a pas fonctionné. Les réponses à ces questions constituent le point de départ de l'élaboration de votre nouveau plan. Plus vous saurez ce qui fonctionne et ce qui ne fonctionne pas, plus vous serez en mesure d'anticiper ses actions et de les contrer.

Le meilleur indicateur du comportement futur d'un manipulateur est son comportement passé. S'il a l'habitude de vous pousser à bout d'une certaine manière, élaborez un plan pour anticiper le fait qu'il continuera à vous pousser à bout de la même manière à l'avenir. Toutefois, cela ne signifie pas que son comportement futur ne sera pas pire que son comportement passé. C'est souvent le cas.

Une fois que vous aurez commencé à anticiper ce qu'ils font pour essayer de vous déséquilibrer, vous ne serez plus aussi choqué. Au contraire, s'il *n'*essaie pas de vous déstabiliser, c'est le moment d'être choqué. Même si un manipulateur commence à se montrer attentif, concerné ou compatissant, il est sage de rester sur ses gardes, car ce bon comportement n'est pas synonyme de changement et n'est généralement qu'un niveau supplémentaire dans son jeu. Si vous vous ouvrez à un manipulateur de quelque manière que ce soit et que vous baissez votre garde, vous risquez d'être malmené à nouveau. Gardez vos boucliers émotionnels levés et réduisez les contacts au minimum si vous devez en avoir. Il peut être difficile d'abandonner le fantasme de la relation que vous pourriez avoir, surtout lorsque la personne se comporte au mieux ou que les choses semblent avoir pris une tournure positive, *mais rappelez-vous qu'il y a une différence entre une personne qui change vraiment et une personne qui se contente de jouer le rôle de l'autre.*

Maintenant que vous connaissez le jeu auquel vous participez, les joueurs et les membres de votre équipe, vous allez avoir besoin de stratégies pour gagner ce jeu.

Stratégie n° 1 : Cesser de chercher la clarté auprès de personnes au comportement « déroutant ».

La confusion est toujours le premier signe d'un problème, aussi fugace soit-il. La confusion est un signe puissant auquel nous avons tendance à ne pas accorder suffisamment de crédit lorsque nous en faisons l'expérience. Si quelqu'un a un comportement déroutant qui semble soit inquiétant, soit trop beau pour être vrai, il est bon de prendre une certaine distance physique et émotionnelle avec lui afin de pouvoir réfléchir plus clairement à la façon de procéder. Pour ce faire, demandez-vous si vous souhaiteriez qu'un ami ou votre enfant se trouve dans une telle situation. Si vous êtes préoccupé par la situation d'un être cher, demandez-vous pourquoi vous pensez que cette situation est acceptable pour vous.

La principale erreur commise par les cibles est de demander des éclaircissements au manipulateur lorsqu'elles se sentent désorientées par son comportement. Si le manipulateur essaie de vous maintenir dans son jeu, il ne vous donnera pas d'éclaircissements ; il ne fera qu'ajouter à la confusion en vous disant ce que vous voulez entendre ou en vous donnant des excuses. Cela ne servira qu'à vous faire tomber encore plus dans son piège.

Cesser de chercher la clarté auprès d'un manipulateur peut sembler contre-intuitif pour une personne qui cherche une solution et pense qu'une communication accrue l'aidera. Après tout, la communication devrait céder la place à la clarté. Et c'est le cas tant que vous avez affaire à une personne dont la réalité est axée sur le travail d'équipe. Si vous vous trouvez dans une situation où toute communication supplémentaire de votre part ne fait qu'empirer les choses ou ajoute de la confusion, il y a quelque chose qui ne va pas - surtout si vous n'avez pas ce problème avec d'autres personnes dans votre vie.

Stratégie n° 2 : Anticiper la nostalgie, la minimisation et les mauvais conseils bien intentionnés.

Il peut être difficile de mettre fin à une relation, quelle que soit la toxicité de la dynamique ou la colère que vous éprouvez à l'égard de cette personne. Si la personne manipulatrice dans votre vie est un parent ou un partenaire, il peut être difficile d'abandonner le fantasme de la relation que vous vouliez avoir avec elle. Il peut être difficile de résister à l'attrait de ce fantasme, et c'est la principale raison pour laquelle les gens continuent d'y retourner.

Afin de prévenir ce phénomène, il peut être utile d'anticiper l'envie de ce fantasme et la nostalgie, afin de se préparer à l'éventualité d'une telle situation. Une façon de le faire est d'écrire toutes les raisons pour lesquelles cette relation n'est pas bonne pour vous. Si vous avez des captures d'écran de choses terribles que la personne a dites, conservez-les. Si vous êtes tenté de reprendre contact avec elle, lisez votre liste et regardez vos captures d'écran. L'objectif est de vous rappeler la douleur que représente la présence de cette personne dans votre vie. Ne vous laissez pas aller à minimiser son comportement ou à penser que vous pourriez peut-être rester amis ou simples connaissances avec elle, surtout si son bilan est de vous avoir causé beaucoup de peine et n'avoir montré aucun signe durable de changement. S'accrocher à l'espoir dans une telle dynamique, ce n'est pas être optimiste, c'est être dans le déni.

Stratégie n° 3 : Comprendre qu'il y a toujours un angle d'attaque.

Les manipulateurs cherchent à obtenir ce qu'ils veulent aux dépens des autres, tandis que les manipulateurs malins cherchent à obtenir ce qu'ils veulent en *détruisant* les autres. C'est leur façon d'interagir avec le monde et de satisfaire leurs besoins (et leurs intentions cachées). Tout est un jeu pour eux, et chacun de leurs gestes a un but - même si leur « geste » semble inoffensif ou même attentionné.

Par exemple, votre ex vous propose de vous emmener déjeuner avec vos enfants afin qu'il puisse s'excuser pour son comportement « blessant » et insensible (abusif). Il apporte de petits cadeaux pour les enfants, s'excuse auprès de vous et le reste du déjeuner se passe bien - idéalement même. Vous ne saviez pas qu'il était capable d'une conversation aussi appropriée ou d'une telle prévenance. Il va même jusqu'à filmer le déjeuner, où tout le monde sourit et rit. Vous trouvez cela un peu bizarre, mais vous pensez qu'il est excité de voir les enfants. À la fin du déjeuner, il promet d'appeler le soir même pour dire bonne nuit aux enfants. Vous partez en pensant qu'il a enfin compris à quel point son comportement a été blessant et vous espérez qu'il sera un parent plus impliqué à partir de maintenant. Mais ce soir-là, il n'appelle pas et vous avez deux enfants à consoler. Vous envoyez plusieurs textos furieux à votre ex pour lui dire que c'est un abruti et que vous en avez assez qu'il soit un parent aussi horrible et que vos enfants méritent mieux.

Quelques jours plus tard, vous découvrez qu'il a publié la vidéo de votre déjeuner sur les réseaux sociaux, ainsi que des captures d'écran des messages de colère que vous avez envoyés par la suite - ce qui donne l'impression qu'il veut être un père attentionné et impliqué, mais qu'à cause de votre comportement abusif et contrôlant, vous ne le laissez pas faire. Votre mâchoire se décroche et vous restez figée dans un état d'incrédulité stupéfait. Une fois le choc passé, vous commencez à réaliser à quel point son message est nuisible et manipulateur. Des amis communs, des membres de votre famille, d'anciens collègues de travail et des membres de votre église commencent tous à commenter le message, manifestant leur soutien à votre ex. Vous êtes mortifiée car vous commencez à réaliser que le déjeuner et la promesse d'appeler les enfants n'étaient qu'un stratagème pour vous détruire votre image. Vous appelez votre meilleure amie, bouleversée et paniquée, en essayant de lui expliquer que vous avez été piégée. Réalisant à quel point vous avez l'air paranoïaque et émotionnellement déséquilibrée, vous mettez fin à la conversation, ne sachant pas quoi faire ni comment limiter les dégâts.

L'exemple ci-dessus n'est pas extrême et, malheureusement, une version ou une autre de ce schéma est courante chez les manipulateurs. La leçon à retenir ici est qu'il faut traiter chaque interaction avec eux comme si vous deviez défendre vos actions devant un juge. Vous voulez garder le contrôle et, devancer leurs manoeuvres, autant que possible, afin d'éviter de vous retrouver dans une position d'infériorité et d'avoir à vous démener pour limiter les dégâts. La seule façon de garder le contrôle est de rester sur ses gardes et de supposer que tout ce qu'il fait a un angle d'attaque. Si son comportement antérieur a montré qu'il était manipulateur, ne laissez pas quelques actes apparemment prévenants vous donner une nouvelle image de lui. Ce n'est pas de la paranoïa, c'est de la protection. Comme le dit l'adage, vous n'êtes pas paranoïaque si la personne vous veut vraiment du mal.

Stratégie n° 4 : Obtenir un témoin de votre réalité.

Documentez toutes les communications possibles afin de créer une trace écrite. Et considérez chacune de vos réponses comme si vous deviez vous expliquer devant un juge. En outre, il serait sage de supposer qu'ils font la même chose, *alors faites attention à ce que vous dites et à la manière dont vous le dites.* Même si aucune action en justice n'est engagée, le fait de conserver une trace écrite de toutes ces folies peut contribuer à valider votre expérience.

Chapitre 29 :

Mettre en pratique vos stratégies

À ce stade du livre, vous voyez votre comportement et celui des autres d'une toute nouvelle façon. Bien que l'idée de changer votre façon d'interagir avec le manipulateur puisse vous sembler insurmontable, avec de la pratique et du temps, les compétences que vous apprenez deviendront une seconde nature, et il viendra un jour où vous ne croirez plus que vous avez déjà interagi avec les gens différemment.

Voici donc quelques moyens de vous mettre sur la voie de la réussite :

- **Préparez-vous à être déstabilisé.** L'un des plus grands changements que nous puissions faire pour neutraliser les comportements des manipulateurs est de vous attendre à ce qu'ils fassent et disent des choses qui vous déstabilisent, et d'avoir prévu à l'avance ce que vous direz ou ferez.
- **Préparez-vous et entraînez-vous à garder vos distances.** Si vous avez du temps libre en leur compagnie et que vous souhaitez éviter toute conversation, vous pouvez, par exemple, prévoir de vous occuper de répondre à des courriels, d'envoyer des SMS à un ami ou d'utiliser des écouteurs pour écouter de la musique.
- **Préparez et pratiquez quelques réponses à l'avance.** Répétez mentalement ce que vous pourriez dire pour vous excuser de la situation ou pour réagir lorsque vous êtes acculé au pied du mur. Par exemple, si vous savez que le fait d'aller chez vos parents pour les vacances le poussera à vous faire honte ou à vous ridiculiser, limitez le temps que vous y passerez ou prévoyez d'autres choses, si possible. Vous saurez quel est le niveau de distance dont vous avez besoin en fonction de votre état de calme ou d'agitation. Plus vous êtes agité, plus votre plan doit être revu.
- **Préparez-vous à avoir besoin de soutien.** Trouver du soutien avant et, idéalement, après avoir su que vous rencontrerez une personne problématique ou un événement difficile (comme un rendez-vous au tribunal, une fête

d'anniversaire, un jour férié, etc). Par exemple, vous pouvez parler à un bon ami ou à un thérapeute avant et/ou après l'expérience anxiogène pour vous aider à vous y préparer et à décompresser. Cependant, si le soutien peut être extrêmement utile, il ne remplace pas les mesures correctives que vous pouvez prendre - il ne s'agit que de soulager le stress que vous ressentez sur le moment. Par exemple, il est courant que les cibles aient du mal à sortir de l'espoir et de l'adaptation et commencent à s'affirmer et à fixer des limites (en supposant que cela ne présente pas de danger). Ce qui a tendance à se produire, c'est qu'elles suivent une thérapie ou un groupe de soutien et se défoulent pendant des mois ou des années en pensant que c'est productif, sans rien faire de différent en réalité. Pour ce que cela vaut, j'ai agi de la sorte pendant des décennies avant de réaliser que si je voulais rétablir la paix dans ma vie, je devais fixer des limites avec d'autres personnes.

Conclusion

Si vous êtes comme la plupart des gens (moi y compris) qui sont attirés par ce sujet, votre objectif initial était de mieux comprendre une personne problématique spécifique dans votre vie. Ce que vous n'aviez peut-être pas prévu, c'est que la compréhension d'un comportement manipulateur mène à une série de trous sans fin à explorer, chacun d'entre eux conduisant à plus de clarté et à plus de questions sans réponse. Vous vous sentirez peut-être désorienté et confus, un peu comme Alice au pays des merveilles, votre compréhension du monde étant bouleversée à chaque nouveau terrier de lapin. Il est normal de se sentir ainsi et cela fait partie du processus de croissance personnelle massive. Avec le temps et l'observation, je me suis rendu compte qu'il y a quatre grands terriers de lapin de conscience qui sont nécessaires pour voir le comportement des autres et de nous-mêmes plus clairement. Cependant, le problème est que chacun de ces terriers de lapin peut contribuer à une énorme quantité de doutes et d'anxiété et amener une personne à cesser d'aller de l'avant ou à se réfugier dans ce qu'elle sait.

À ce stade du livre, vous êtes, au minimum, en train de descendre dans le premier terrier de lapin.

Comprendre le premier terrier de lapin

Le premier terrier de lapin consiste à comprendre que la plupart des messages que nous avons reçus sur l'amour, l'amitié, l'engagement, la manière de résoudre les problèmes et de repérer les personnes problématiques sont au mieux incomplets, au pire erronés. Cela peut être terrifiant et, pour ceux qui ont été profondément blessés par une personne pathologique, cela peut conduire à un désir ardent, presque obsessionnel, de comprendre les troubles de la personnalité (en particulier les troubles de la personnalité narcissique, antisociale et borderline). Cette recherche conduit souvent à passer de nombreuses heures à comparer et à opposer des informations pour essayer de déterminer exactement quel type de trouble de la personnalité la personne problématique en question pourrait avoir, ou si cette personne est « juste » un fou normal avec un comportement destructeur de relations qui érode vos limites. Les personnes qui se trouvent dans cette phase ont tendance à essayer de discerner la différence entre un comportement normal et un comportement profondément problématique. C'est à ce moment-là qu'elles se laissent piéger par de mauvais conseils bien intentionnés et qu'elles remettent souvent en question ce qu'elles considèrent comme problématique, car elles craignent encore de passer à côté d'une bonne personne et d'être trop intransigeantes avec les limites et les normes qu'elles sont en train d'établir.

Comprendre qu'il existe dans ce monde des personnes qui sont si profondément destructrices est vraiment déroutant, et on peut avoir l'impression que la seule façon de se protéger est de comprendre ce à quoi on est confronté. Cependant, il est important de comprendre que cette personne problématique dans votre vie n'est probablement pas la première et qu'elle ne sera pas la dernière. Il est essentiel que vous soyez en mesure d'élargir votre compréhension de toutes les informations - comment vous percevez le comportement en général - et de ne pas limiter votre compréhension à la personne qui pose problème dans votre vie. Le problème, c'est que vous commencez à voir des comportements problématiques partout, mais vous êtes le seul à les voir. Les autres personnes de votre entourage sont promptes à le nier, à le minimiser ou à l'excuser, ce qui peut vous amener à vous demander si vous êtes hyper-vigilant ou si ce que vous voyez est en fait un problème. Il y a de fortes chances que ce que vous voyez soit un problème et que vous ne fassiez pas toute une histoire pour rien ou que vous ne soyez pas hyper-vigilant. Malheureusement, nous vivons dans une société dysfonctionnelle et rien dans ce livre n'est connu de tous, ni enseigné, du moins pas autant qu'il le faudrait.

Les plus grands défis du premier terrier de lapin :

- **Pour commencer à retrouver votre voix.** Il peut être utile de commencer modestement et d'être à l'écoute de vos désirs, de vos besoins et de vos opinions, même si vous ne les mettez pas en pratique, si vous ne pensez pas en avoir ou si ils ne sont pas très forts. Par exemple, votre ami vous demande où vous voulez aller déjeuner et vous n'avez pas de préférence. Même si vous ne vous souciez pas de savoir si vous allez manger chinois ou une pizza, l'objectif est ici de prendre une décision et de vous affirmer ; choisissez donc l'une de ces options. Vous pouvez également faire du lèche-vitrine ou fouiller dans votre armoire et vous demander ce que vous aimez ou n'aimez pas et pourquoi. Et oui, les petites décisions et opinions de ce genre font une différence, surtout si vous vous faites un devoir de les prendre régulièrement. Vous serez surpris du niveau de conscience de soi que ce simple exercice vous apportera au cours des six prochains mois.

- **Commencer à se tourner vers l'intérieur pour trouver des réponses au lieu de demander aux autres, surtout si vous avez subi un traumatisme ou si vous souffrez d'un syndrome de stress post-traumatique.** S'entraîner à dire clairement ce que l'on pense et pourquoi, même si l'on doute de ses réponses. Au minimum, présentez votre propre opinion et les raisons qui la justifient avant de chercher à obtenir la validation de quelqu'un d'autre. Vous pouvez également tenir un journal à ce sujet afin de pouvoir revenir en arrière, avec le bénéfice du recul, et voir comment ces différentes décisions ont été prises et pourquoi, et examiner dans quelle mesure elles étaient proches de votre perception des événements.

- **Pour savoir quand vous êtes maltraité(e).** Maintenant que vous en savez beaucoup plus sur la manipulation et les abus, ainsi que sur les comportements « problématiques » en général, vous allez commencer à prendre conscience des moments où vous et les autres êtes traités avec dédain, mépris ou hostilité. Vous commencerez peut-être à observer ces comportements plus fréquemment et vous vous demanderez si vous n'êtes pas trop vigilant. Il y a fort à parier que ce n'est pas le cas, car ce type de comportement ne manque pas et il peut être vraiment déstabilisant lorsqu'on commence à le voir pour ce qu'il est.

- **Comprendre la manipulation et les différents types de personnes manipulatrices n'est qu'un début.** S'il y a un point qui déconcerte les gens et les bloque, c'est bien celui-là. Se renseigner sur les techniques de manipulation, les abus, les narcissiques, les sociopathes et les autres types de manipulateurs est extrêmement utile et peut grandement contribuer à votre sécurité ; cependant, ce n'est que la partie émergée de l'iceberg. La magie opère lorsque nous commençons à examiner les différentes façons dont nous avons été socialisés pour ne pas nous protéger en premier lieu et que nous sommes capables de commencer à corriger ce déficit en apprenant ce que signifie s'estimer soi-même.

- **Réaliser que votre guérison ne s'arrête pas là.** Guérir de la manipulation et de la dévastation émotionnelle qui en découle ne signifie pas que vous redeviendrez comme avant, ni que vous ne vous sentirez plus suicidaire ou que vous serez capable de faire face à la douleur. Il s'agit de comprendre le monde et soi-même d'une manière nouvelle et stimulante, de créer une nouvelle normalité pour soi-même et de faire face à ses sentiments en cours de route.

Comprendre le deuxième terrier de lapin

Le deuxième terrierde lapin dans lequel les gens s'enfoncent, c'est lorsqu'ils réalisent que la relation qui les a amenés à un livre comme celui-ci n'est pas la première relation problématique qu'ils ont eue dans leur vie. Celle qui les amenés ici pourrait bien être la plus douloureuse ou la plus bizzare des choses qu'ils ont expérimenté, mais il y a des chances que ce n'ait pas été la seule.. La plupart des gens mettent des années à s'en rendre compte, et j'espère qu'en le soulignant, vous pourrez commencer à relier les points le plus tôt possible. Cela vaut la peine de prendre le temps de dresser la liste des différentes dynamiques problématiques que vous avez connues dans votre vie et d'explorer ce que ces relations avaient en commun.

Les plus grands défis du deuxième terrier de lapin :

- **Établir des liens entre ces différentes relations.** Chaque dynamique problématique de votre passé est probablement différente. Certaines d'entre elles ont pu être folles, d'autres ont pu être effrayantes ou même dangereuses. Certaines ont été vécues avec des « amis », des membres de la famille, des proches, des collègues, des voisins ou des membres de votre église ou de votre lieu de culte.
- **Établir des liens corrects entre ces différentes relations.** Il est facile d'établir un lien de cause à effet erroné et de penser que les personnes qui vous ont fait souffrir l'ont fait parce qu'elles étaient des hommes, ou parce qu'elles avaient un certain signe astrologique, ou encore parce qu'elles présentaient d'autres caractéristiques. Il est essentiel de comprendre que le comportement problématique est le problème - tous ces autres facteurs ne sont pas en cause.
- **Pour continuer à vous valider.** Lorsque vous commencerez à relier les points, vous rencontrerez très probablement d'autres personnes qui vous diront que vous êtes hyper-vigilant et que vous faites toute une histoire

pour rien. Plus vous comprendrez les formes cachées et manifestes de manipulation et d'abus, plus il vous sera facile de comprendre et de valider votre expérience.

- **Ne pas essayer de forcer les autres à voir les comportements problématiques pour ce qu'ils sont.** La plupart des gens sont dans un profond déni et ne veulent pas admettre que quelqu'un est violent ou manipulateur, surtout s'il s'agit d'un membre de leur famille.
- **Pour passer de la connaissance des situations de maltraitance à l'identification de ce qui est confortable et inconfortable pour vous.** Une fois que vous commencez à savoir ce que vous ressentez lorsque vous êtes maltraité, l'étape suivante consiste à savoir à quoi ressemblent les situations ou les comportements inconfortables lorsqu'ils se manifestent pour la première fois. L'étape suivante de ce processus consiste à commencer à fixer des limites dans des situations de ce type, indépendamment de ce que les autres pensent de la situation ou de ce que vous devriez faire.

Comprendre le troisième terrier de lapin

Le troisième terrier de lapin implique une prise de conscience encore plus poussée. Vous commencez maintenant à voir les comportements problématiques dans la société. Vous commencez à voir les messages problématiques qui circulent et qui sont considérés comme inoffensifs ou comme la vérité. Certains thèmes abordés dans les films (en particulier les comédies romantiques), les paroles de chansons et les émissions télévisées peuvent vous inspirer un sentiment de dégoût et d'inquiétude, car le harcèlement, l'abus et le contrôle sont considérés comme romantiques. (J'ai quelques vidéos sur mon site web qui traitent de ce sujet plus en détail si cela vous intéresse : www.thriveafterabuse.com/movies).

Il se peut que certains messages ou conseils de votre chef spirituel, de votre conseiller ou de votre meilleur ami ne s'inscrivent pas dans le contexte de limites saines. Vous commencez à prendre conscience des schémas dans lesquels vous étiez auparavant et vous êtes mieux à même de les ralentir et de faire quelque chose de plus équilibré et de plus valorisant pour toutes les personnes impliquées. Vos cercles intérieurs commencent à se modifier et vous commencez à rechercher des personnes qui ont une meilleure compréhension des limites - les vôtres et les leurs -, où la dignité et le respect sont donnés librement et ne sont pas quelque chose pour lequel vous devez vous battre ou mendier. À cette époque, vous trouvez difficile et inconfortable d'être entouré de personnes émotionnellement immatures et manipulatrices, et de participer aux conversations loufoques qui en découlent. En outre, en plus de vous sentir frustré, vous commencez peut-être à remarquer des symptômes physiques qui apparaissent lorsque vous êtes en présence de comportements et de situations toxiques - comme si vous sentiez littéralement la toxicité et qu'elle vous rendait malade. Vous pouvez ressentir des maux de tête, de la fatigue, des maux d'estomac ou des éruptions cutanées. Comme votre malaise ne cesse de croître, il vous est beaucoup plus facile de fixer des limites et de prendre la distance dont vous avez besoin.

Les plus grands défis du troisième terrier de lapin :

- **Vous avez l'impression de ne pas être à votre place.** Vous commencez à observer des comportements inquiétants plus fréquemment, mais les autres ne semblent pas le remarquer. Cela peut vous donner l'impression d'être un étranger lorsque vous êtes en présence d'autres personnes qui n'ont aucun problème à côtoyer certains membres de leur famille ou des personnes problématiques.
- **Doute de soi.** Même si vous parvenez de mieux en mieux à vous valider, vous pouvez encore vous demander si vos normes et vos limites ne sont pas trop élevées, surtout si vous vous sentez seul(e). À ce stade, vos relations avec les gens sont très différentes, et même si vous essayez d'abaisser vos exigences, vous risquez de souffrir, car vous avez besoin de la compagnie de personnes qui vous donnent du pouvoir, qui vous nourrissent et qui sont en accord avec elles-mêmes.
- **Remaniement de votre cercle intérieur.** Il se peut que vous ayez envie ou besoin de prendre vos distances avec un certain nombre de personnes. Il peut arriver que vous réalisiez que si votre cercle est plus sain, il est beaucoup plus petit que vous ne le souhaiteriez. Le site web meetup.com est un excellent moyen de rencontrer de nouvelles personnes. L'avantage, c'est que vous pouvez rencontrer des gens en fonction de certains centres d'intérêt, comme le développement personnel ou tout autre passe-temps qui vous intéresse.

Comprendre le quatrième terrier de lapin

Le quatrième terrier de lapin consiste à observer vos propres pensées et comportements problématiques. Il s'agit peut-être d'un comportement que vous avez développé pour faire face à des personnes dysfonctionnelles, ou peut-être le résultat de messages dysfonctionnels sur qui vous êtes et qui vous devriez être. Cette prise de conscience se fait petit à petit et, si nous sommes introspectifs et dévoués à notre développement personnel, c'est un processus qui durera toute la vie. Cela ne signifie pas que nous sommes profondément imparfaits et que nous devons nous asseoir sur le banc de touche de la vie et attendre d'être complètement guéris et conscients de nous-mêmes avant de sortir avec quelqu'un, de cultiver des amitiés ou même simplement de nous amuser. Cela signifie simplement que nous, comme toutes les autres personnes intéressées par le développement personnel, nous nous efforçons de nous réaliser, et qu'il s'agit d'un voyage. La meilleure chose à propos du quatrième trou de lapin est que vous commencerez à rencontrer d'autres compagnons de voyage qui partagent les mêmes idées - des personnes dont vous avez toujours espéré l'existence mais que vous n'avez jamais su où trouver.

Le plus grand défi du quatrième terrier de lapin :

- **Être ouvert à l'exploration des messages dysfonctionnels que vous avez reçus à votre insu.** C'est le plus grand obstacle pour les gens - moi y compris, en partie parce que nous ne savons pas quels messages dysfonctionnels nous avons reçus parce que nous les considérons comme la vérité, et en partie parce que cela peut ressembler à de la culpabilisation de victime d'insinuer que notre programmation sociale pourrait avoir joué un rôle dans le fait que nous ayons été blessés. C'est particulièrement le cas si notre vision du monde ne nous a jamais causé de tort auparavant, ou si, pour de nombreux « aidants » du monde, être gentil, compatissant, indulgent et tolérant peut sembler vertueux - et loin du code postal de la problématique. Pour beaucoup d'entre nous, ces traits de caractère sont poussés à l'extrême et par conséquent déséquilibrés, nous causant du tort d'une manière dont nous ne sommes probablement pas conscients. Lorsque c'est le cas, ces relations préjudiciables peuvent sembler être le fruit du hasard, et si nous avions connu ce type de personnes, nous ne nous serions pas empêtrés avec elles. Ce n'est qu'à moitié vrai. Si ces traits restent déséquilibrés et que nos vulnérabilités restent inexplorées, nous continuerons à courir le risque de nous retrouver avec des personnes problématiques.

En outre, la plupart des gens mettent des années avant d'être en mesure d'assimiler suffisamment de blessures et de colère pour être ouverts à l'idée d'explorer leurs vulnérabilités et les messages problématiques qu'ils peuvent avoir sur l'amour, l'amitié, l'engagement, les limites et le pardon - s'ils y parviennent un jour. Il est important de comprendre que ce déséquilibre ne concerne pas que vous ; la société est dysfonctionnelle et les messages que l'on nous transmet ne tiennent pas compte de ce que signifie l'autoprotection. Au contraire, la plupart des gens apprennent le contraire : qu'être une bonne personne signifie s'abîmer pour sauver les autres.

De nombreuses personnes sont accaparées par cette douleur et se sentent brisées, amères et blasées. Si vous êtes dans cette situation, sachez qu'il s'agit d'une étape normale de la guérison et que vous n'êtes pas obligé de rester bloqué dans cette situation. Il peut être utile de se considérer comme gravement meurtri et changé à jamais, mais les meurtrissures peuvent guérir et les changements que vous avez subis ne doivent pas nécessairement être pour le pire. Avec le temps, de nombreux survivants parviennent à tirer des dizaines de leçons de ces expériences et non seulement à se reconstruire une vie meilleure malgré ce qui s'est passé, mais aussi à se reconstruire une vie meilleure *grâce à* ce qui s'est passé.

En fait, les seules personnes que j'ai rencontrées qui ont la conscience nécessaire pour voir la manipulation pour ce qu'elle est, la désactiver lorsqu'elle se produit et assimiler l'amour de soi à l'autoprotection sont celles dont la vie a été détruite par des personnes problématiques et qui ont donc été capables de descendre dans chacun des quatre terriers de lapin de cette section. La raison en est que nous avons souvent besoin d'une destruction totale pour non seulement reconstruire, mais aussi pour reconstruire *consciemment*, en examinant chaque pièce pour s'assurer qu'elle est bien adaptée. Ne commettez donc pas l'erreur de regarder autour de vous ceux qui n'ont pas eu le monde détruit et de penser que tous les autres ont tout compris, sont en bonne santé ou bien adaptés. J'ai rencontré de nombreux cliniciens en santé mentale et « experts en relations » qui ont la même programmation dysfonctionnelle et ne le réalisent pas. On peut savoir quelle est la vision du monde d'une personne en fonction de la façon dont elle parle des différents sujets que j'ai mentionnés précédemment (relations, amour, engagement, amitié, limites, etc.) Une personne dont les messages dysfonctionnels dirigent son comportement a une compréhension malsaine de tout ou partie de ces éléments. Dans mon livre *Out of the Fog,* j'aborde plusieurs douzaines de concepts souvent confus qui surviennent en l'absence d'un contexte sain :

- Une personne qui est amicale et une personne qui est amie
- Un prédateur et un parent
- Une manipulation et une relation
- Liens traumatiques et liens sains
- Tolérer les abus et une personne qui n'est pas parfaite
- Sincérité et intensité
- L'égoïsme et l'amour de soi
- Ruptures d'accord et comportements acceptables
- Une personne qui joue le rôle et qui change réellement

Pour que nos vies fonctionnent, il faut rétablir l'équilibre et y veiller en permanence. La seule façon d'y parvenir est de savoir se protéger et de valoriser notre temps, notre énergie, nos émotions, notre corps et l'environnement qui nous entoure, ainsi que d'être capable de discerner la différence entre les messages sains et les messages dysfonctionnels. Nombre de ces messages dysfonctionnels et leur contrepartie fonctionnelle ont été abordés dans ce livre. Il s'agit notamment de :

- Comprendre les deux mentalités différentes (chapitre 7).
- Comprendre les étapes du changement - et où se situe une autre personne dans ces étapes, où se situent vos attentes à son égard et où se situe votre propre comportement en réponse à ces étapes (chapitres 17 et 18).
- Comprendre ses vulnérabilités (chapitre 23).
- Comprendre les traits de personnalité courants qui sont exploités (chapitre 24).
- Comprendre le type d'estime de soi (chapitre 24).
- Comprendre le problème du besoin de validation externe (chapitre 24).

- Comprendre le type de locus de contrôle dont vous disposez (chapitre 24).
- Comprendre les limites saines, les normes et les obstacles (chapitre 25).

Le voyage vers la guérison n'est pas quelque chose que vous devez faire seul. Des dizaines de milliers de personnes à travers le monde font partie de nos groupes de soutien au moment où j'écris ces lignes. Il fut un temps où nous étions effrayés, accablés, solitaires, pleins de ressentiment et où nous nous sentions irrémédiablement brisés. Beaucoup pensaient qu'ils ne pourraient plus jamais sourire ou ressentir de la joie. Grâce à la validation, à la compréhension, à la connaissance et au soutien d'autres personnes qui sont passées par là, nous avons pu rétablir la paix et l'équilibre dans nos vies. Venez donc nous rejoindre sur www.thriveafterabuse.com !

A propos de l'auteur

Dana Morningstar est une éducatrice spécialisée dans les abus, qui se concentre sur la sensibilisation et la prévention, ainsi que sur le rétablissement, la guérison et l'estime de soi. Elle cherche à donner à ceux qui ont été victimes d'abus les moyens de retrouver leur pouvoir, leurs limites, leur confiance et leur identité. En plus d'être auteure, elle a un blog, un podcast, dirige un grand groupe de soutien et anime une diffusion en direct de trois heures tous les mercredis soirs sur sa chaîne YouTube, « Thrive After Abuse » (S'épanouir après l'abus). Pendant son temps libre, elle aime se détendre sur le lac Michigan, pratiquer le yoga aérien, lire et jardiner.

www.ingramcontent.com/pod-product-compliance
Lightning Source LLC
Chambersburg PA
CBHW061739120626
46550CB00005B/1829
* 9 7 8 1 9 5 3 4 2 0 2 9 9 *